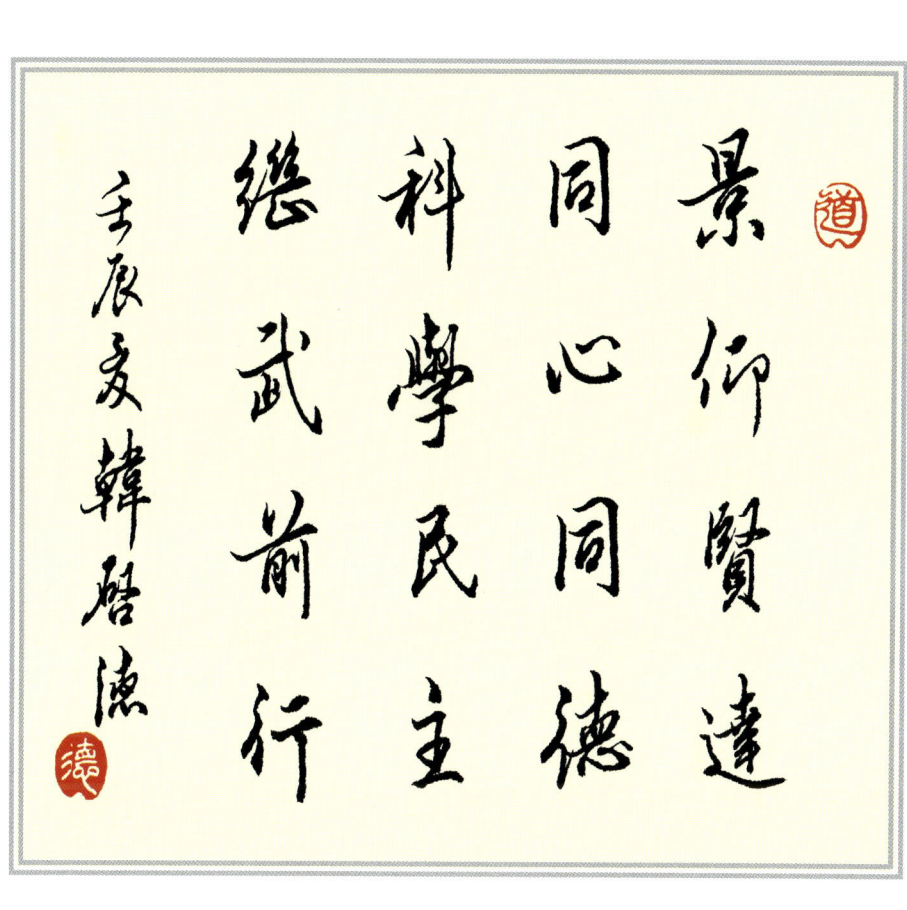

侯宗濂教授。

侯宗濂教授在阅览室查阅资料。

侯宗濂教授在实验室指导实验。

九三学社人物丛书

侯宗濂 传

马欣 赵晏 王向辉 刘国强 著

学苑出版社

图书在版编目（CIP）数据

侯宗濂传/马欣等著. — 北京：学苑出版社，2015.10
（九三学社人物丛书）
ISBN 978-7-5077-4873-4

Ⅰ.①侯… Ⅱ.①马… Ⅲ.①侯宗濂（1900～1992）—传记
Ⅳ.①K826.15

中国版本图书馆CIP数据核字（2015）第223533号

出 版 人：	孟　白
责任编辑：	李　耕　刘　丰
出版发行：	学苑出版社
社　　址：	北京市丰台区南方庄2号院1号楼
邮政编码：	100079
网　　址：	www.book001.com
电子信箱：	xueyuanpress@163.com
销售电话：	010-67601001（销售部）、67603091（总编室）
经　　销：	全国新华书店
印 刷 厂：	北京信彩瑞禾印刷厂
开本尺寸：	880×1230　1/32
印　　张：	10.125 印张
字　　数：	180千字
版　　次：	2015年10月第1版
印　　次：	2015年10月第1次印刷
定　　价：	36.00元

丛书编委会

主　　任：韩启德

副 主 任：邵　鸿

委　　员：苟红旗　穆建民

　　　　　郭　悦　孟　白

总　序

　　九三学社是在中共抗日民族统一战线政策影响和感召下，于抗日战争后期成立的，她参与新中国的建立，成为在中国共产党领导下爱国统一战线中八个民主党派之一。在共和国成立以来的60多年里，九三学社始终弘扬爱国、民主、科学的传统，与中国共产党风雨同舟，共同探索中国特色社会主义政治发展道路，在国家建设、改革、发展征途上留下了闪光的足迹。在此历史进程中，九三学社发展成为拥有13万多名社员、组织比较健全、有较强参政能力和较高社会地位的政党。

　　九三学社走过的历程，是一部无数优秀人物引领广大同仁一往无前、执著追求的奋斗史。抗日战争时期，面对国破家亡、山河破碎，九三学社创始人或多方奔走，参与抗日，或介绍新知，宣传救国。解放战争时期，面对独裁专制、民不聊生，九三学社同仁或大声疾呼民主，反对暴政，或积极主张科学，倡导革新。新中国成立后，面对百废待兴的局面，九三学社同仁和全国人民一起殚精竭虑、奋斗不止。九三学社各个时期旗帜性人物身上体现出的崇高风范和优秀品质，是我社最宝贵的精神财富。回顾九三学社的历史，我们有勇往直前、舍生取义的革命家和社会活动家，有淡泊名利、刻苦钻研的科学家，有不畏权势、追求真理的人文学者，有忍辱负重、甘为人梯的教育工作者……他们共同铸就了九三学社一以贯之的灵魂——爱国、民主、科学，九三学社的优良传统在他们身上得到最好的诠释。

九三学社中央一直重视整理保存社史、发挥社史资政育人的作用，2007年又启动了以史料抢救和整理为重点、包括七个方面内容的社史工程。几年来，社史工程取得了显著成绩，《社史研究通讯》的编辑出版、社史专题片的拍摄、口述史工作的启动、社史文物收集等各个方面都有不同进展。"九三学社人物丛书"作为社史工程的一项重要内容，经过各方面辛勤的努力，也结出了丰硕的成果，第一批图书已完成了撰写、编辑，即将出版。这套丛书选取九三学社重要创始人、早期著名社员、历任社中央领导，以及在本人所从事领域里取得突出成就的旗帜性人物，力图以翔实的史料和平实的语言再现前辈先哲们曲折丰富的人生历程和绚丽夺目的光辉业绩。我相信，丛书的出版必将激发我社成员和广大读者继承他们的优良传统，体会他们忧国忧民的赤子情怀，感受他们坚毅从容的人格风范，学习他们精益求精的科学精神，为巩固、完善和发展中国共产党领导的多党合作和政治协商基本政治制度，为中华民族的伟大复兴，做出更大贡献。

是为序。

韩启德
2012年8月

前 言

侯宗濂教授是著名的生理学家、医学教育家、社会活动家，在生理学科学研究方面有着高深的造诣，为发展我国医学生理学、培养专业技术人才做出了卓越贡献，并积极投身于统一战线和多党合作事业，在我国各民主党派及社会各界人士中有着重要影响。

侯宗濂教授1900年生于辽宁省海城县，1920年南满医学堂毕业后留校任教，不久由于在科研领域的出色表现赴日留学，在京都大学获得医学博士学位，回国不久即被母校晋升为副教授。后又去德国、奥地利深造。曾历任北平大学医学院生理系主任、福建医学院院长兼生理系主任、福建研究院院长、西北大学医学院院长。新中国成立后担任西北医学院院长、西安医学院院长、西安医科大学名誉校长等职。曾当选第三、五、六届全国人大代表，第二、三届全国政协委员。历任陕西省科协主席，第五、六届陕西省人大常委会副主任，第二、三、四届陕西省政协副主席。侯宗濂教授1951年加入九三学社，是陕西九三学社组织的创始人，并先后担任九三学社第三届中央委员、第四至第七届中央常委、第八届参议委员会副主任、西安分社筹备处和筹委会召集人、第一至第五届西安分社委员会主委、第六届九三学社陕西省委员会主委、第七届名誉主委。

侯宗濂教授在生理科学领域的才华和七十二年的医学教育及科研生涯硕果累累。他努力攀登科学高峰，敢于挑战"学术权威"，在国际上首先提出了"标准时值"概念等科学理论，对肌肉神经普通生理学的研究做出了重要贡献，解决了国际上许多学者长期探索而未能解决的问题，被生理学界奉为经典。1972年起他开始进行针刺镇痛原理的研究，开辟了针感生理学这一新的学科研究领域，针刺镇痛原理和肌肉神经普通生理学两项课题研究成果获1978年全国科学大会奖。他在肌肉神经生理学方面的研究，在许多问题上做出了突破性的贡献，他对针麻原理的研究，创造性地把功能和结构的方法统一，对针刺穴位的生理功能和结构进行了系统的探索，取得了前所未有的成就。

侯宗濂教授在长期的生理学教学中桃李芳菲。他精益求精、一丝不苟，以严谨的治学精神、敏锐的观察和分析问题的能力、超群的科学思维，善于在已有的结论中发现潜在的暗点，一步一步接近被探索的真理；他注重基本训练，注重智力开发和科学思维能力的发掘，为我国培养了一批硕士、博士和大量的专业技术人才，其中大多已成为独当一面的专家。

他如饥似渴地学习哲学、政治经济学，并结合实际反复学习自然辩证法，促使他从不自觉到自觉地运用辩证唯物主义的自然观和方法论指导自己的科研实践工作。

侯宗濂教授有着强烈的爱国情怀。他自幼目睹国家民族受到列强欺凌，激发了他发愤图强科学救国的决心，把救国的希望寄托于中国共产党。新中国成立后，他焕发了科学的青春，步入报效祖国的新时代。他衷心拥护中国共产党，热爱社会主义，热情地投身于社会主义革命和建设事业，积极致力于中国共产党领导的统一战线和多党合作事业，积极参政议政，做了大量卓有成效的工作，受到党和人民的信任和赞誉。

这本传记，其资料主要来源于侯宗濂教授家人、曾经的同事和朋友的回忆，笔者对他学生的访谈，查阅他本人的回忆资料和大量的档案资料，以及学生、同事的追思文献与科研论文。十分感谢西安交通大学副校长、医学部主任颜虹教授，西安交通大学党委统战部部长谢雪和副部长牛宏杰，西安交通大学医学部生理学与病理生理学系主任刘健教授，以及侯宗濂教授的嫡孙侯毓先生对本传记书稿提供的宝贵的修改意见。本传记旨在系统地介绍侯宗濂教授的科学生涯和重大成就，追忆他强烈的革命事业心和严谨的治学态度，彰显他在医学教育事业中的卓越贡献，敬仰他优秀的人格魅力，警醒后人学习一代医学宗师的精神风范。

时间仓促，能力及资料所限，错误及不足之处，谨盼指正。

正值西安交通大学建校 120 周年暨迁校 60 周年前夕，谨以本书献给母校双甲子校庆！

马欣　赵晏　王向辉　刘国强

2015 年 9 月

| 目 录 |

第一章　少年时光　聪明智慧追求理想 // 1

第二章　大学时代　发愤图强显露才华 // 21

第三章　南满医堂　执教育人留学东瀛 // 48

第四章　继续深造　飞赴德奥炉火纯青 // 71

第五章　爱国情怀　愤离南满任教北平 // 87

第六章　应邀南下　筹建福医培育人才 // 119

第七章　西北赴任　肩负重担艰苦创业 // 148

第八章　祖国解放　大展宏图加快建设 // 171

第九章　科学春天　人才建设学术开放 // 203

第十章　关心国事　政党任职参政议政 // 212

第十一章　"文革"时期　忧国忧民坚信光明 // 227

第十二章　壮心不已　老骥伏枥志在千里 // 239

附录 // 250

　　多问些为什么，不断推动对真理的认识　侯宗濂 // 250

　　侯宗濂教授论著目录 // 258

　　侯宗濂教授与《西安交通大学学报（医学版）》　贺惠芳 // 272

　　追忆我的导师侯宗濂先生　闫剑群 // 273

　　侯宗濂先生在奥地利　赵晏 // 278

怀念侯宗濂老教授　唐敬师 // 283

对年轻人的信任与鼓励　杜剑青 // 298

西安交通大学医学部的历史与现状（代跋）// 301

第一章　少年时光　聪明智慧追求理想

1900年是大清这个庞大帝国风雨飘摇的一年，这一年康有为、梁启超领导的旨在保国保种保教、效法日本图强的"戊戌维新"已经黯然落幕。北京菜市口六君子的鲜血还很殷红，但是维新派寄予厚望的"圣主"光绪帝却从此失去了励志推行改革的权力。义和团运动正在这一年从直隶、河北一带悄然兴起，"扶清灭洋"的口号隐隐而至，孙中山先生领导的民主革命也已在大洋的彼岸微露曙光。20世纪初叶，从洋务派办洋务的欧风美雨里流散进帝国阴沉天气中的民主与科学气息已是"满园春色关不住"了，社会上要求实行立宪政治的呼声逐渐深入人心，连一些乡村绅士也热衷谈论起这些事情的可行性与可能性。但这一切，似乎于一个东北偏远的小村庄来说，都还是那么的陌生。

就在这一年深冬的一天，天异常寒冷，包裹严实的人们仍然冻得牙齿在打着架。中午时分，辽宁省海城县文甲沟村一户人家正在忙里忙外，大家似乎感觉不到外面逼人的寒气，都焦急又兴奋地在院子里聚拢着，一边哆嗦一边说笑着，家里的女主人常氏要生孩子了，这可是第一胎。在当时的医疗条件下，安全分娩还是很大的奢望，因此男主人更是在门口转来转去，脸上写满了担忧。分娩对自己的女人而言是痛苦和快乐并存的，房间里不时传来产婆和常氏忽大忽小的紧张声息，闷了很久，伴随着一声婴孩的啼哭，这个普通人家瞬间步入了持久而欢欣的喜悦之中。"是男孩，男孩。""男孩好啊！"进出的人都聚在一起，互相拥抱和拍打着，无不喜形于色。

这家的男主人侯治平是个学识渊博、颇有涵养的传统型知识分子，他的名讳"治平"语出道家经典《抱朴子》"又于治世隆平，则谓之有道，危国乱主，则谓之无道"。侯治平的父亲是颇想让他这个儿子入仕为官的，这既是中国人耕读传家的理想观念，也反映了侯门希望门庭振兴的朴素愿望。虽然侯治平一辈子只做过小小的大清海城知县，但是却因做官处事公平有道，常为老百姓着想，有着清官的美名。他对在虎门销烟、力抗大英侵略者的林则徐非常崇敬，时常在家中吟诵抄录林的"苟利国家生死以，岂因祸福避趋之"的名言。后来，日本在沈阳的势力变得渐渐强悍起来，侯治平目不

第一章 少年时光 聪明智慧追求理想

忍见，耳不忍闻，也不愿为日本人去卖命，由此失去了在宦海搏击的兴趣，就带妻子常氏回到了老家文甲沟过起了耕读的退隐生活。

无官一身轻，自然得以呼吸乡间的自由空气，把前半辈子没时间读的书再次拿起。他特别仰慕北宋大儒周敦颐，崇敬周的清廉正直，因此侯治平在家时，周敦颐的《周元公集》、《太极图说》、《通书》等书常常不离手。他对《爱莲说》中"莲之出淤泥而不染，濯清涟而不妖"的佳句甚为喜爱。仰慕对象从林则徐转换到周敦颐，大概也正可窥见侯治平的内心已经从儒家传统上的"治国、平天下"的外部目标回归到"齐家、修身"的自我世界里来了。

小宗濂的母亲姓常，因为是个女人，所以没有留下名字。她是个温润的女性，也出自书香门第，因此在"女子无才便是德"的旧时代有机会读过几年书，嫁到侯家以后，常氏每日辛勤劳作，夫妻举案齐眉，夫唱妇随，日子倒也过得和和美美。

侯氏本是一个古老的姓氏，在百家姓中，排名第73位，据《汉上谷长史侯相碑》记载："侯氏，出自仓颉之后。"仓颉本是黄帝时期的史官，就是汉字的最早创始者。《周地记》曾经说："仓颉姓侯冈氏，名颉。"《姓氏考略》认为："侯氏出自姒姓。夏后氏之裔封于侯，子孙因以为氏。"姒姓，是中国最古老的夏族的姓。看来，侯氏可能源自夏禹的家族和世系。

侯治平的这一支可能来源于明末清初的一个世系的官员家庭。《海城县志》记载："海城城东南三十五里，在岩山山麓有黄瓦窑，制黄琉璃瓦。清时工部派五品官监制黄瓦。以备陵寝宫殿之用。"其《海城民族志》中有这样的说明："侯氏，原籍山西明福县，后徙本境。清初隶汉军旗，世袭盛京五品官，监制黄瓦，族繁户众，世居城东南析木城。"该县志《重修缸窑岭伯灵庙碑记并序》中说："清初修理陵寝宫殿，需用龙砖彩瓦，因赏侯振举盛京工部五品官……"

文中的这个侯振举本是山西省介休县人，明朝末年其先辈迁至东北，世居海城，加入了清太祖努尔哈赤的汉旗。努尔哈赤统率部队占领沈阳和辽阳之后，为了巩固其统治政权，由新宾迁都于辽阳，在辽阳创建了东京城，这是清王朝创业的基点。为表示对努尔哈赤的忠心，侯振举特意精心烧制一批绿釉碗、罐，专程去辽阳敬献。据说努尔哈赤一见到这些琉璃制品，喜出望外地说："侯家送来的绿釉子碗、盆、大瓶子，是对国家有用之事，金银算什么，天冷不能穿，饥饿不能食，匠人造物，才是真正的宝贝。"随即授予侯振举守备官职，赏银20两。

第一章 少年时光 聪明智慧追求理想

侯家因献瓷器、修宫殿陵寝有功，所以得以世袭五品官，管理当地的皇瓦窑。因此直到清朝中叶，这里的侯家大院还特别风光，不仅被皇上特封，专门生产供皇帝使用的琉璃瓦，而且还可以在侯家大院屋顶铺上半坡。侯家大院前的黄土道也被当地群众称作"皇道"，有上马石和下马石。文武百官，凡是进窑时，走到下马石前都得下马，出窑时，走到上马石处才能上马离开。

这些祖上的光荣事迹只是侯治平长大了以后，听他的父亲说起过，他的父亲骄傲地认为自己肯定是属于这一系的，但可能是侯振举的旁系，因此及至他这一辈，已经褪去了闪耀的历史光环，变得世俗和默默无名了，但父亲还是把祖先希望家族隆兴的理想寄托在自己的子孙身上。

侯宗濂出生时正值数九寒天，于是常氏整日把他抱在怀里，裹得严严实实，总害怕冻着了。常氏喜欢一边哼唱儿歌一边自言自语，用手轻轻拍着孩子，总是说："冻了不好，暖的好。"这也许是侯宗濂最早产生那些冷暖温度意识的模糊时期。

常氏知道自己的丈夫有文化，懂学养，一次在闲聊中就说："看咱们的孩子要长大了，你给起个名字吧，总不能一直叫猫儿狗儿吧。"

侯治平看这个孩子生得眉清目秀，皮肤白皙，也不由得喜欢异常，于是思来想去，觉得一定得起个好名字，才能配得上这般模样。

侯治平想到自己仰慕的北宋大儒周敦颐，号称濂溪先生，心中一动。一日，侯治平在周敦颐的自述中看到："芋蔬可卒岁，绢布是衣食，饱暖大富贵，康宁无价金，吾乐盖易足，廉名朝暮箴。"周敦颐这种从小信古好义，"以名节自砥砺"、"平生不慕钱财，爱谈名理"的高尚人格顿时让侯治平眼前一亮，觉得"君子以道充为贵，身安为富"、"钱财及身而止，唯有名节不衰"的人生原则和他神交已久，因此就不再犹豫，遂给自己这个孩子取名宗濂，小名希颐。

侯宗濂小时候身体相对瘦弱，但是走路却特别早，也爱干净，村子里面的人看他生得清秀，都很喜欢。有一年过年，海城当地群众搞演出，主要是扭秧歌、踩高跷之类的，小宗濂被母亲拽着跑去看，还被一个老者选中当了一回小演员。小宗濂那个高兴啊，站在高跷上，一边冲人晃动胳膊，一边傻笑着，结果回家以后常氏和小宗濂都被侯治平狠狠批评了一顿。

侯家的生活温馨而又自由自在，母亲常氏几年中又给小宗濂添了八个弟弟妹妹。家里一下子有了不少孩子，整天吵吵闹闹的快乐非凡。侯治平对自己子女的教育要求向来严格，他赋闲在家，便亲自教小宗濂和弟弟

第一章 少年时光 聪明智慧追求理想

妹妹们认字、写字，稍大一点，则给他们讲解《曾国藩家书》、《百家姓》。侯治平每次说起祖宗的光荣历史都眉飞色舞。宗濂虽然还小，但是喜欢听父母亲讲述各种有趣的故事，父亲便常常把他抱在怀中，对着月光，讲《牛郎织女》的哀婉，《孔融让梨》的尊敬有节，《司马光砸缸》的机智聪明，《大禹治水》的兢兢业业，《岳飞传》、《杨门女将》等的壮志凌云。侯治平毕竟做过官，讲得精彩，也能娓娓道来，小宗濂和弟弟妹妹则歪着头听，似懂非懂地应着。

这些故事，对小宗濂来说虽然不能全懂其中的内涵，但他已朦胧知道了一些浅显的做人的道理。父亲对他有意无意的人生启迪，是宗濂受到的最好的"学前教育"，对他以后世界观的形成有着重要的积极影响。

侯治平也发现自己这个大儿子头脑聪明、思维灵活、记忆力也好，而且特别喜欢问自己为什么，不由感到高兴，曾经私下对妻子说，看来我们的儿子长大会有出息。

文甲沟村位于海城县的孤山镇，孤山镇东临岫岩，南毗大石桥，是海城的东南门户。这里距鞍山市仅45公里，因镇内有一座小山，兀自而立，独屹群峰，故得名"小孤山"，小宗濂出生的地方虽然偏远，但是依山而誉名，傍水而灵秀。文甲沟村不大，约有几十户人家，上百号人，他的童年就是在这里度过的。

小宗濂跟随父母咿呀学语，与玩伴一起玩泥巴、过家家。村子口有条河，夏天，小伙伴们喜欢一起在这里游泳，小宗濂也喜欢扎猛子。大一点了，父亲经常带他去附近的白云山游玩，这里林木繁茂，各种名贵的中草药应有尽有。

有一年的花开时节，父亲牵着小宗濂的手走路，一路给他讲述唐王东征的故事和薛仁贵、尉迟恭等英雄传奇，小宗濂兴致高昂地看这些山坡的植物，不时要父亲折些拿到手里摆弄，当他看到满树金蚕爬在柞树叶上吃着柞叶，感觉很是好奇，就问父亲："这是什么呀？"父亲说："这是蚕，是一种生物，可以治病。"小宗濂饶有兴致地看这些蚕在树间蠕动，并不害怕，而是一副若有所思的样子。

小宗濂很爱他的母亲，对常氏保留着一种很深的感情，母亲在他心中，一直是温和而宽容的，记忆中母亲从不训斥自己，侯宗濂后来也常谈起她，谈的时候还很动容，说小时候妈妈走到哪里他都喜欢跟着，母亲信佛，他也信佛，只是后来十几岁的时候，他才与佛无缘了。

童年的岁月总是天真而美好的，而父母无疑是小宗濂最好的启蒙老师。

第一章 少年时光 聪明智慧追求理想

1904年，东北大地发生了一件影响深远的大事件——"日俄战争"。

在中日甲午战争之后，日本军国主义的侵略野心肆意滋长，疯狂推行其侵略中国、吞并朝鲜的"大陆政策"。妄图在我国东北地区建立超级霸权，取代俄国在远东的地位。最终日俄因矛盾升级而在东北开战，战争爆发后，日本居然要求清政府在东北三省严守中立，让出东北地区作双方交战的主战场，坐视日俄两国在中国境内为在中国的利益厮杀。清政府无力约束双方，只得屈辱地宣布"局外中立"。这场战争旷日持久，东北则成为双方陆上交锋的主战场，不仅旅顺的房屋工厂被炸毁，就连寺庙也未能幸免。群众的耕牛被抢走，粮食被抢光，流离失所的难民有几十万人。日、俄都强拉中国老百姓为他们运送弹药，服劳役兵役，许多人就此冤死在两国侵略者的炮火之下，更有成批的中国平民被日俄双方当作"间谍"，惨遭杀害。战争让当地人民蒙受了极大的苦难。

1905年9月5日，日俄两国在美国签订了《朴茨茅斯和约》，背着中国，擅自在东北划分了新的"势力范围"，从此，日本正式取代俄国成为东北的实际控制者。

这时的小宗濂还很幼小，这场肮脏的战争当时没有对他本人留下过多的伤痕，但是无疑给侯治平带来了沉痛的刺激。作为一个本分的知识分子，在战火中他几次准备携家逃离，虽然偏远的文甲沟还是相对安全的，但是经过这件事，侯治平深感大清帝国已经步履蹒跚。国事日艰，修身齐家治国平天下的传统理想已完全不可为，他在家里总是叹息、惆怅，话也因此少了很多。受到惊吓的常氏则给宗濂说些战争中的鬼子故事，小宗濂这时还不知道，从此"日本"、"鬼子"影响了他的一生。

1905年，岌岌可危、坐在火山口上的清政府终于下诏废止了延续千年之久的科举考试，并且派遣端方等五大臣出洋考察欧美政治制度，真真假假的倡导立宪政治的演出鸣锣开场了。

早在1902年（农历壬寅年），张百熙等上呈学堂章程，即《钦定学堂章程》，史称"壬寅学制"。到1903年由张百熙、张之洞、荣庆等合作又对这一刚刚推行的学制进行了补充修改，于1904年1月（农历癸卯年底）由清政府正式宣布推行，即《奏定学堂章程》，史称"癸卯学制"，这是中国开始实施的第一个近代学制。

这件事为小宗濂提供了不同于祖上念书科举入仕的契机，但在当时他还不会意识到这是他个人命运的一次巨大转折。

6岁的时候，宗濂该上小学了，于是侯治平把他送入了海城县一家有名的新式学堂。当时的新学堂是以

"启其人生应有之知识，立其明伦理、爱国家之根基，并调护儿童身体为宗旨，以识字之民日多为成效"为目的的。但是因为处于时代转型期，新式学堂和旧式学堂不仅同步招生，而且在诸多方面还是混沌不清的，在新式学堂，主要还是讲述旧学堂的儒家经典，新鲜的是附加些欧美各国的地理、天文等常识课程。

小宗濂被父亲带着，第一次见到学堂老师时，他立即给那位先生行了个鞠躬礼。这一动作，把这位先生吓了一跳，于是问他为什么要鞠躬，宗濂说他曾经看到有学生给老师鞠躬，也就效仿他们，惹得先生哈哈大笑起来。

在小学校里，侯宗濂第一次见到了留过洋的人，同学们都叫他"假洋鬼子"。他是个戴着眼镜的中年人，喜欢穿长而厚的大衣，讲课时时常蹦出几个日语单词，虽然开始还听不懂，但让小宗濂颇觉新鲜。有一次，"假洋鬼子"在课堂上欢呼日本战胜俄国的伟大胜利，并且带领小宗濂他们一起高唱日本的歌曲。

四五年级的时候，学校来了位年纪大的老师，姓唐。唐老师颇具爱国思想，他讲授的是语文课，在课堂上唐老师喜欢抨击时政。随着当时政治气候的好转，课堂的言论相对自由。有一次上课，唐先生在黑板上写下"夫中国，东方病夫也，其麻木不仁久矣"的大字，小宗濂虽然尚小，但其心灵还是受到了不小的震撼。

老师告诉同学这句话是梁启超说的，意思是外国列强蔑视中国人体质差，瞧不起中国人。虽然小宗濂尚不知梁启超是何等人物，但老师已经偷偷给这些学生朗读梁启超的《少年中国说》了：

> 制出将来之少年中国者，则中国少年之责任也。彼老朽者何足道，彼与此世界作别之日不远矣，而我少年乃新来而与世界为缘。使举国之少年而果为少年也，则吾中国为未来之国，其进步未可量也；使举国之少年而亦为老大也，则吾中国为过去之国，其灭亡可翘足而待也。故今日之责任，不在他人，而全在我少年。少年智则国智，少年富则国富，少年强则国强，少年独立则国独立，少年自由则国自由，少年进步则国进步，少年胜于欧洲，则国胜于欧洲，少年雄于地球，则国雄于地球。

唐老师的声音铿锵有力，饱含激情。侯宗濂晚年回忆起这段时光曾经说，这位老师是他爱国思想的重要启蒙者，可惜这位唐先生很早就故去了。

学校开设有修身、读经讲经、中国文字、算术、历史、地理、格致、体操八门课程，每周不超过三十课时。小宗濂和玩伴们一起上修身课、体操课。在老师眼里，他并不是班里特别勤奋的学生，但是各科成绩却始终不错。

在各门功课中，他尤其喜欢格致之学。这种倾向可能最早和代课老师有着密切的关系。带格致课的老师是位年轻人，戴着一副眼镜，非常的斯文，喜欢西装革履的。他讲话很慢，声音有时如同蚊子，但是却很有感染力。

有一次上课，大家跑进教室，一个个满头大汗的，小宗濂坐在第一排，这个老师看见他脸上的汗珠，伸出手就帮他擦掉，然后关切地大声问："同学们，我刚擦去的这位小同学脸上的是什么？"小宗濂不好意思地笑，老师也笑着说："大胆说。"同学们都议论起来："是汗"。"汗是什么？""是水。""它能喝吗？"……一系列巧妙设计的问答一下子把小宗濂给吸引住了。

通过格致课，小宗濂过去一知半解的东西有了明晰的答案，他渐渐懂得了太阳每天从东方升起、从西方落下是因为地球绕着太阳旋转时它也在自转；物体总是自然落向地面而不自然升向空中是由于地球的引力，而这是牛顿发现的；人为什么能在地球上生活是因为地球从太阳那里得到阳光和温度，地球外层有大气层，表面有水，阳光、温度和氧气使万物生长，提供给人类生存必要的一切营养。人会生病是因为身体的机能失调，导致病毒的侵入，而不是以前他听村里人说的阴阳或者鬼怪作祟之类的……

虽然我们已经无从知晓侯宗濂所上学校的情形了，但是与侯先生年龄大致相仿的周恩来这个时候也在沈阳读书。周恩来就读的小学校，大致的格局是校舍坐北朝南，两进院落，有青砖围墙呈长方形。校舍由门房、前楼、礼堂、后楼等主要建筑物组成。门房是青砖瓦房十一间，正中设过道门，后有影壁墙。通过宽阔的操场是前教学楼，砖木结构，两层，前廊式，有立柱和栏杆。后院是礼堂，长方形，屋顶中间凸起，有天窗，礼堂内有立柱十六根。礼堂北面是后教学楼，建筑风格、形式与前教学楼相同。学校建筑布局得当，装潢油饰素雅、大方、美观。

我们可以参照这所学校来复原小宗濂当年小学时代的校园风景。周恩来著名的"为中华之崛起而读书！"的豪言壮语即来于此时，而小宗濂这个阶段，则对科学的神奇感到万分的着迷。

1908年，清朝最高统治者慈禧太后和光绪皇帝相继去世，还是孩子的溥仪被扶上皇位，小宗濂看到学校里有的老师为此哭泣，也有的老师偷偷地拍手称快，这种种矛盾的表现让小宗濂迷惑不已。

课余时间，老师带着同学们在夕阳下一起踏青，一

第一章 少年时光 聪明智慧追求理想

路上流淌着小宗濂和同学们嘹亮清脆的童声："年纪不妨小，哥哥弟弟手相招，来做兵队操。兵官拿着指挥刀，小兵放枪炮。龙旗一面飘飘，铜鼓咚咚咚咚敲。一操再操日日操，操到身体好。"

因为当时学校离家不远，小宗濂还可以每天回家。村子里有些叔叔伯伯平时都很关心他，但是有一位伯伯一直掉着半个胳膊，宗濂每次回家在路口看到他总有点害怕。老伯很慈祥，他喜欢抚弄宗濂的头，并用脸上的胡茬扎小宗濂的脸。有一个下雨天，河道大水，村口的小木桥无法通过，这个伯伯硬是把小宗濂扛到肩膀上，送他过河。

有一次回家经过村口，小宗濂看到伯伯在太阳下晒太阳，于是好奇地问他胳膊的事情，伯伯告诉他，是因为日俄打仗，自己不小心被炮弹炸伤，送到医院治不好，所以只好给锯掉了。听完，小宗濂的心好像被扎了一下的疼痛。

在学堂的第四年，家里发生了不幸。宗濂的二弟得了病，整天在一起打闹的弟弟忽然躺在床上不再动弹，脸色惨白，瘦得可怕，穿梭在自己家里的中医们一个个急匆匆进来，不一时则唉声叹气地出去，浓重的中药味弥漫在家里，憔悴的母亲用勺子给奄奄一息的弟弟喂饭，却怎么都喂不进去。不久，弟弟就在一天早上去世了,昔日活泼可爱的二弟这时冰冷地躺在床上,任家里人如何拉扯、哭喊,再也不能醒来,父母亲一下子苍老了很多。屋漏偏逢连阴雨,没多久,东北地区鼠疫肆虐,这场肺鼠疫是从俄国贝加尔湖地区沿中东铁路传入我国,并以哈尔滨为中心迅速蔓延,4个月内便波及5省6市,死亡总计达6万多人,其中仅哈尔滨市就死亡5272人,一时尸骸遍野,举世震惊。侯家平时淘气爱哭鼻子的五妹也因这场肺鼠疫被夺去了生命。此后的时光,家里变得一片死寂,母亲常氏倚靠在墙角,她的泪已经流干,浑身软绵绵的,小宗濂喊她,半晌也不搭一声,侯治平只是在旁边老泪纵横,喃喃自语地说着:"都是被病给害的。"

经过这几件事情后,小宗濂感觉自己忽然变成家里的主要角色了,父亲喃喃地埋怨疾病夺去弟弟妹妹的生命,让小宗濂的心如同刀扎一样的感到疼痛。那位伯伯在战争中残留的伤病,也让他偶尔挂念,还有那天唐老师在黑板上写的"东亚病夫"的大字一直在他心头萦绕,渐渐地,小宗濂开始有了自己的主意,他对"格致之学"的兴趣变得日益浓厚了,他自己的人生道路也逐渐在脑海中清晰起来——考上医科,以悬壶济世为人生的志向。

1912年的时候,宗濂刚刚12岁。这一年,中国走向

第一章 少年时光 聪明智慧追求理想

共和的步伐迈开了坚实的一步，由孙中山先生领导的同盟会发动的辛亥革命从武昌首义成功，一个月不到的时间，狂飙席卷全国，统治中国200多年的清政府彻底崩溃，沈阳成为张作霖的天下，一时间社会变了。宗濂在学堂里首先剪掉了自己脑后的辫子，并且追着给其他同学剪辫子，大家伙儿一起用孩童的声音唱起《行军歌》："八月十九武昌城，起了革命军，张彪与瑞澂纷纷出城去逃生。都督黎元洪，渡江收复汉口镇，汉阳龟山树汉旗。文明文明，鸡犬不惊武汉平。清廷吓得心胆惊，遣将帅，发救兵，陆军派荫昌海军萨镇冰，屯兵不敢进，三战三败。中原十数省，不月皆反正，汉水汉水情，历史增荣名。"

"汉军起义立志将仇报，里应外合都有我同胞；长枪大炮早已准备好，楚望台上旌旗飘。"这些饱含着民主共和理念的儿歌，也在耳濡目染的世风下，陶冶着小宗濂幼小而稚嫩的心灵。

不久，宗濂以出色的成绩考入了辽阳公学堂高等科；这所学校在省会沈阳。学校有着较浓厚的日本色彩，同时也相对重视对孩童的启蒙和民主思想的培育。

该校《训练要目》就称：

一、引导学生尊重礼仪之风，养成清洁整饬的习惯。

二、引导学生发展其交际与平民的特性，涵养人道的国际的道德。

三、排除安逸的弊风，养成勤劳的美德。

四、摒弃虚伪，涵养正直的美德。

五、面对保守、崇古的事物，要养成进取精神。

六、明了公共思想与主我思想的利弊。

七、引导重文事、爱和平的特性，涵养博爱情操。

八、面对尚文之风，要奖励体育。

九、提倡人道，缓和排外思想。

十、调和形式与实质。

辛亥革命以后，沈阳一时成为张作霖为首的奉系军阀的根据地。这些人口中虽然宣讲共和，但是精神上还一直拖着清代的"大辫子"，仍然在沈阳实行专制军阀的军事管理。但是不能否认的是，清王朝的垮台，延续千年的帝制毕竟已是明日黄花，民主与科学时风遂高涨起来，民众的心智由此大开。小宗濂所认识的世界再也不是他的文甲沟村，而是一步走出了海城县，开眼看到了更为广阔的崭新世界。在新学校里，不能每天回家了，一开始，小宗濂感到从来没有过的不适应，第一个礼拜，他为此还哭了好几次鼻子，原来的活泼也变得内向了。时间一长，他也慢慢习惯了这种独立的生活，他和班里的同学们一起认认真真地读书，生活单调而又充实。

毕业的时候，侯宗濂曾经希望能够有机会去北平或上海的医科学校读书，当他回家征求父母意见时，侯治平沉思良久，略带伤感地说："医生是治病救人，任何社会都离不开医生，且医生不至于轻易失业、看人眼色、巴结求人。你选择医科我们是赞成的，但还是在关外选一所好的学校吧，你的弟弟妹妹去了，我和你的母亲感到很悲伤，你是老大，不要走远了，这样家里才放心。"

侯宗濂很矛盾，但最终还是听从父母的劝告，放弃了进关读书的想法，当时辽阳公学堂高等科对应的学校是刚刚由日本人创办不久的南满医学堂，于是侯宗濂就把目标锁定在了这里。在14岁那年，经过刻苦读书，小宗濂终于如愿以偿地以第一名的成绩进入了南满医学堂医科。

当得知被录取的消息，大家伙儿都非常高兴。就在小宗濂打起行囊，要去报到的前一天，母亲专门下厨为他做了可口的海城馅饼，这是侯宗濂最喜欢吃的东西。父亲把一家人叫着围坐在一起，大家一块吃饭，母亲边吃边抹眼泪，侯宗濂看着日益苍老的父亲、母亲，心里也颇是酸楚。侯治平对儿子说:"现在是民国了,好男儿志在四方,不要待在家里,你出去学习科学,走走看看,开阔眼界,学个技术是好事,咱侯家以前是做工艺发达的,你虽没有继承这一点,但学习西洋的新医学,以后还可以救人,也算是给咱侯家光宗耀祖了。"说完,也是抑制不住地眼泪往下掉,弟弟妹妹也一个个抹着鼻子,依依不舍的样子。

  小宗濂和家里告别后,还专门跑到村口看那个伯伯,结果那个伯伯就在他收到通知书的前几天去世了,听到消息,宗濂还难过了一阵子,他去伯伯的坟头烧了纸,拜祭过后,不久就乘火车独自来到沈阳南满医学堂报到。

第二章 大学时代 发愤图强显露才华

我国近代的西医科学是伴随着外国列强的侵略野心而进入中国的,最早可以追溯到16世纪。但中医源远流长,有着独立的理论体系和治疗方法,加之当时的统治者闭关自守,片面排斥西方医学,以致在鸦片战争前的200多年里,西医流传受到阻碍,未能在我国发生明显的影响。直到19世纪中叶,鸦片战争以后清王朝衰落,帝国主义的入侵使中国逐步沦为半封建半殖民地社会,西方医学才作为基督教传入的附属产品在中国传播开来。1834年,美国传教士兼外交家伯驾(Peter Parker)来华,在广州开办了一所眼科医院(即后来的博济医院)。此后,随着帝国主义势力的渗入,美、英、日、德、法等国相继在我国办起了一批教会医院。而清朝政府的官员,则是直到19世纪后期才开始认识到西方医学的优点,开始把它应用于军事目的,以"自强求富"为口号的洋务派相继创办了几所中西合璧的医学校。其中在1881年，直隶总督兼北洋通商大臣、颇具现代眼光的李鸿章在天津开办的医学馆，专为当时的亚洲第一舰队北洋水师服务。到1902年的时候，北洋大臣、北洋督练公所督办，同样气魄非凡的袁世凯又在天津开办北洋军医学堂，专为陆军服务。西医军转民用的过程却是直到1903年，清政府在京师大学堂设立了医学实业馆，才使中国的西医学教育从军事医学狭小的范围中走了出来。

20世纪初的中国西医教育有着浓厚的宗教背景，带着"特殊任务"前来的传教士是中国新医学的启蒙者，虽然这些人有些是为本国的侵略政策服务的，但是不可否认，其中确有一些是抱着人道主义或单纯宗教信仰的原因来到中国办医学教育的。

辛亥革命以后，民国政府相当重视医学建设事业。孙中山先生本就是学习西医学的，因此他对西医有着较为深刻的认识，他就任民国总统后，提倡西医，但是因为政治因素，直到1913年的时候，正规的中国医学教育才基本成形。这一年，中华民国教育部颁布了医学专门学校规程。此后，政府对传教士创办的教会医院采取了维护主权的办法：不得以传播宗教为宗旨，校长、董事会成员必须有中国人。政府还设立了医学教育委员会、护士教育委员会等。但是这一切变革对于东北而

第二章 大学时代 发愤图强显露才华

言,民国政府的影响力尚有些鞭长莫及,沈阳还是日本人和其代理人军阀张作霖的天下。日本虽然在东北地区进行殖民化的统治,但是也在客观上引进先进的科学技术,种下了东北医学近代化发展的最早种子。

小宗濂考入的南满医学堂就是日本帝国主义者为培养在南满铁路工作的医师所投资建立的一所医疗专业学校,校址在沈阳市和平区北二马路92号,这所学校也是我国东北地区最早的高等医科学校。

作为日本政府推行"大陆政策"的重要的组织机构,成立之初满洲铁路就拟办文化教育,其中就包括医学教育。1905年12月日本与清政府签订了《中日会议东三省事宜正约》,迫使清政府同意沙俄将东北部分权益转让给日本。这些权益包括:日本继承沙俄在旅顺、大连的租借地,宽城子(今长春)到旅顺间的铁路及支线以及与上述租借地、铁路有关的一切权利;允许日本在奉天(今沈阳)、营口、安东(今丹东)划定附属地和经营铁路;开放东三省16个城市。

当时南满铁路由日军野战铁道提理部管辖,提理部在奉天(沈阳)附属地铁路西侧设置了医务室。在1907年4月1日,由东京迁至大连的满铁总部正式营业,替代野战铁道提理部经营铁路。同时在大连设立了满铁大连病院,并接管提理部辖下的奉天医务室,改称大连病院奉天出张所。当时这个出张所只有 1 名医员和 2 名护士。这个出张所即是后来南满医学堂医院的雏形。

满铁就职人员与日本居民日益增多的医疗要求，使扩建奉天出张所在满铁建立初期就提上了议事日程。于是在 1908 年 10 月，日方着手在其附属地中央广场（今中山广场）东南侧（原沈阳铁路公安处，现沈阳铁路公安局与升龙大厦址）修建门诊楼和三栋病房。将大连病院奉天出张所升格为大连病院奉天分院，设置内科和外科，有医生 2 人，护士 2 人，药剂师 1 人，并于翌年 10 月 14 日迁至新建成的门诊和病房楼内。1911 年 6 月 15 日，关东都督府于大连医院奉天分院（后为奉天医院）的基础上开始筹建南满医学堂。同年 8 月 24 日，日本以敕令第 230 号《关于南满医学堂须遵循专门学校令之件》公布正式设置，设医学科（本科），学制 4 年；药学科，学制 3 年；研究科，由研究生选定研究科目，学制 1 年；预科（只招中国学生），学制 2 年。同年 10 月 12 日正式开课，第一年有本科日本学生 20 人，预科中国学生 7 人。为表明取得中国地方政府的"同意"、赞助和舆论宣传的需要，日本方面设稽查 1 人，由当时东三省提学司使选定中方官员充任。另外，推举东三省当时的总督赵尔巽担任学校的中方名誉总裁。

学校由日本人河西健次为堂长，1914 年，日本文部

第二章 大学时代 发愤图强显露才华

省承认南满医学堂为符合日本帝国《医师法》要求的学校，毕业生享受不经考试即可开业的特殊待遇。

就在侯宗濂入校不久的1915年，这所学校又先后新建了5栋病房，累计建筑面积达到了8000余平方米。院本部还设置了护士学校及中国人诊所，在沈阳城内大西门还开设了新的门诊部，后改称城内分院。奉天医院改称南满医学堂附属奉天医院（亦称南满医学堂附属医院），其正副院长则由各科的教授兼任，行政工作由事务局统管。院内设置内科（含传染病）、外科、妇产科、儿科、眼科、耳鼻咽喉科、皮肤泌尿系科和口腔科。医生总数合计有35人，据说当年的门诊量为69536人，入院治疗67257人。

为了提高教育水平，南满医学堂从日本国内招聘了原亨、平山远、藤浪修一、大成洁、小口忠太、船石晋一、桥本满次等知名教授来医学堂行医执教，使南满医学堂成为当时东北一流、在日本国内也较有影响的大型科研教学医院，实力甚至在日本也是排在前五名的，不少日本人甚至都认为"这边的条件好，学生应该往这边考试"。

能上南满医学堂是高贵身份的标志，即使政治风云人物也不例外。少帅张学良晚年曾经回忆自己少年时期的医学情结时说："年轻时我是很想学医的。奉天有一所日本人建的南满医学堂,我想进南满医学堂学习,但是父亲一直不允许,我就只好打消了学医的念头。"

张作霖虽是土匪出身,但是张学良这时可算是出身甚好了,张学良一心想学医,而且心仪的正是这所学校,虽然最终愿望没有实现,但是他的老乡侯宗濂却替他实现了。

依据时人的有关回忆,南满医学堂有着所谓高贵的身份和傲慢的外表,学校建筑古朴,主教学楼原是两层,环境优美。日本人把他们的教育思想、教学模式都带到了这所学校,医学堂设堂长、教授、助教授、助手、技术员、舍监、学监、干事、事务员等职。侯宗濂入校时的名誉总裁是镇安上将军段芝贵(1915年),不久就改成奉天督军、省长张作霖(1916年)了。

原来的名誉负责人赵尔巽曾捐赠5万银元作为中国学生的奖励基金。该校从1912年10月开始接纳中方奉天、吉林等省的官费生(10名左右)。根据统计,南满医学堂从1915年到1928年,毕业了431人,其中中国学生161人,占毕业生总数的37.35%。

据说它的入学资格为:

1. 预科附属预备科结业经考试合格者;
2. 南满中学堂毕业者;

3．具备预科附属预备科入学资格，并于该大学预科施行之检定合格者；

4．辽阳高等公学校中学部第四学年结业者。

侯宗濂是辽阳高等公学校中学部第四学年结业者，而且是以出色的成绩获得了赵尔巽奖学金考取了这所学校的官费生。在当时该校一年只招收10名中国学生的情况下，这无疑是很荣耀的事情。侯宗濂入校的时候，也正值这所学校创建时间不长，因此这个选择还颇有些冒险的味道。

侯宗濂临行前，把他从报纸上看到的我国近代著名医疗专家汤尔和对医学专门学校的一段讲话抄录在日记本里，看来他是很认同汤尔和的这个观点的："医学是一门需要献身的科学"，"医校目的，自主观言，在促进社会文化，减少人民痛苦。自客观言，西来宗教，都借医学为前驱，各国的医学以及印刷物中，没有我们中国人的地位，实在是一件最惭愧不过的事"。

南满医学堂开设的课程每周授课33课时，而日本语则独占17课时。其学习的本科科目为：伦理、德语、物理、化学、解剖学、生理学、医化学、病理学、药物学、细菌学、内科学、外科学、儿科学、眼科学、妇产科学、卫生学、皮肤病泌尿器病学、耳鼻喉科学、精神病学、法医学、齿科学等。

由于主要课程大多使用日语,侯宗濂在课堂上听讲一下子还很难适应。为了尽快克服语言上的障碍,侯宗濂主动出击,他召集几个中国同学成立了日语学习小组,在课外时间接近日本教师,清早则多与他们跑步锻炼身体,下午利用有限的时间跟他们打篮球、踢足球,以求和他们进行语言上的充分交流。经过半年的刻苦努力,侯宗濂的日语水平有了很大的提高,已能适应课堂学习、资料阅读和日常生活的交流需要。

学校中的日本老师虽然有的态度傲慢,但是对好学者还是很欣赏的,不久,侯宗濂就因为勤奋聪明赢得了苛刻的日本教师的尊重。

有一次在郊外的活动中,侯宗濂唱起《春游》:

>春风吹面薄于纱,
>春人妆束淡于画。
>游春人在画中行,
>万花飞舞春人下。
>梨花淡白菜花黄,
>柳花委地荠花香。
>莺啼陌上人归去,
>花外疏钟送夕阳。

第二章 大学时代 发愤图强显露才华

这首《春游》创作于1913年,是名士李叔同学堂乐歌的代表作。侯宗濂唱完后,一位中国同学感慨地赞美中国的诗歌如此雅致,聊着聊着就谈到校方过早过多使用日语教学的问题。有同学提出以后我们的学弟学妹还要单方面使用日语,中国话似乎在这里没有太多生存空间,太可悲了,我们是否应当与校方进行交涉,能不能扩大进行双语教学,侯宗濂认为这个建议很好,大家平时都觉得他办事公道,于是推荐他做代表提交意见书。于是侯宗濂草拟了文件,几天以后,他向校教务委员会递交了《应扩大使用日中双语进行教学之建议书》。河西健次看到以后,很是生气,于是把他找到办公室询问为何写这个东西,侯宗濂并不畏惧权威,而是诚恳地对河西说:"我们是应该学习日语,但是三人行必有我师,中文是我们这里不少人的母语,而且作为医科学生在中国实践应该是会使用到母语的,这样才可以很好地和病患交流。"

河西看他说得诚恳,加之学校本已有扩大汉语教学的计划,最终同意了侯宗濂等提交的这个改进方案。

在南满医学堂的学习,侯宗濂最难忘的还是上解剖课。这曾经被认为是中国人很难进入的学科领域。

众所周知,身体解剖在古代中国是很难被接受的。

19世纪中叶，西方生理解剖学随着医学进入中国。最早的是1866年广州博济医局附设的南华医学校开设的生理学等课程。同文馆于1872年春也开设了生理医学讲座。李鸿章于1881年设立的北洋施医局也曾经讲授过解剖生理课。

最早的解剖生理学专著是英国的合信与中国人陈修堂合译，于1851年出版的《全体新论》。这部书在国内虽然产生了很大影响，但当时主流的声音还是批评其大逆不道的。

在20年代中期以前，国内各学校的生理学课堂上只有讲授理论而并无实验操作。而且早期在国内从事生理学研究者大多是医院医生及在华外籍人，他们对生理学的探索基本上也还处于初级阶段，并且做的主要是关于中国人各种生理常数的测定，在用实验手段探讨生理学机制方面则几乎还是一片空白。

在南满医学堂，由于日本医学在当时世界上处于先进地位，解剖工作"早有蜻蜓立上头"了，但是这些工作一直以来都是日本人亲自来做，中国学生很是抵制。中国学生都认为身体发肤受之父母，尸体解剖被认为是犯禁和狂妄的，这一点产生的心理影响很大。听说前几届有名中国学生为了躲避解剖课，甚至以退学为威胁手段，因此，这门课也就成为中国学生的"雷区"。

第二章 大学时代 发愤图强显露才华

侯宗濂却认为这是一门新兴的科学，应该积极地进行钻研，而不应该予以抵制，在他看来，如果坚持固步自封是永远不会进步的。于是他主动提出参与这门课程的实践。这种勇气把授课老师也给镇住了。

虽说侯宗濂对试验解剖有了一定的心理准备，但当他真的身临其境，还是受到了不小的心理震撼，差点当场呕吐。但最终他还是克制住自己，努力仔细地做着观察。

在人体解剖的实习课上，为了更好地确定人体标本上动脉血管与静脉血管外观颜色和弹性情况，由于实验室灯光昏暗，侯宗濂忍着标本上散发出的浓浓的刺鼻的甲醛气味，以脸和嘴巴几乎贴着标本的距离认真仔细地观察，他可能忘记了这是一具令人恐惧的尸体标本。

在观察成人与儿童的肺标本时，除了明显的体积大小不同，他发现成人的肺颜色看起来青紫发暗，儿童的肺微红稍亮，为什么会有这种外观差异呢？

在生理实习课上，他发现有些动物肢体在已脱离身体的状态下还在抖动，这是一个在儿时已经看到过的现象，此时，他必然要产生这是为什么的疑问。这种抖动在脱离身体后能持续多长时间，抖动时间的长短与原身体状态有关吗，这是所有动物都有的现象吗？

在药理实习课上，同一实习小组的同学在实验时给兔子注入了过量的巴比妥镇静剂而致兔子死亡。侯宗濂把巴比妥致动物死亡与氰化钾致动物死亡联系起来,两种药物的作用系统不同,为什么氰化钾比巴比妥的作用速度来得要快呢?

在实习课堂上,侯宗濂认真观察实验过程和思考实验结果,经常会产生一些一时使人无法回答的问题。他对学习的勤奋达到忘我的程度,对医学艰深的认识也更为成熟了。

侯宗濂没有满足眼前积累的一点知识,他知道自己只是一只脚刚刚迈进浩瀚无垠的医学世界的大门。

南满医学堂医院各科均有自己独立的实验室和图书室。其教学工作注重自主,他们在临床教学上注意启发式教学,培养学生的自学能力。学生没有配置统一的教材,除记笔记外,都是自购参考书。内、外科各论注重多发病、常见病的讲授,一般的教学习惯是一年安排20-30个专题讲座,结合病人进行讲授,既讲清疾病的基本理论、基本知识,又传授专家个人的经验、体会。课间实习多在门诊,把病人分给学生,让学生独立地进行问诊、体格检查及临床分析,最后向教师汇报,接受教师的指导。为了提高教学效果,该校的皮肤科曾经自制2000余具皮肤性病蜡型。目前世界上除法国外,只有当时的南满医学堂还存有这种规模的皮肤性病蜡型。

一次在课堂上,老师提问学生对医生诊治的风险问题如何看，大家为此发生了激烈分歧。一个日本同学认为医学目的是治病的，而在治病时应该首先保护好治病的医生，医生是要第一保护好自己的。他提出在诊治中医生如果遭遇到严重的风险，还是要首先放弃治疗。

大家为此议论纷纷，不少人发言都支持这种看法。

侯宗濂沉默很久后站起来回答说："我不同意这个观点。17世纪，荷兰一位名叫洛克斯密思的医生患了膀胱结石，他不相信当时巫医的治疗术，因此1651年的一天，他用小型菜刀在自己家中进行剖腹，从体内取出一枚重约4英两的结石。18世纪，梅毒流行全欧，英国医师约翰·亨特为研究这种严重危害人类的传染病，进行了自体感染试验，时间持续3-4年。有好几位医学家都进行过回归热的自体感染试验。1873年，我们尊敬的德国人奥勃梅伊尔首次在病人血液中发现了回归热螺旋体，他将病人血液注射到自己的肌肉中，此项实验结束后数周，柏林流行霍乱，他又把霍乱病人的血液注入自体，不久受感染而死于霍乱。医史上勇于进行自体试验的医学家还有许多。我们不能因为自身的危险而放弃自己的职责，那就是治病救人的至高无上。"

侯宗濂的讲话引经据典，侃侃而谈，而且观点鲜明，结果得到了同学们和老师热烈的掌声，那位首先有不同意见的日本同学也佩服不已，下课以后，走过来伸出手说:"侯,你的观点我不一定赞同,但是你的论据确实让我感到无奈。"

侯宗濂在这里的出色表现,引起了一名叫久野宁的日本教授的注意。久野宁教授专长是发汗生理学,他是日本国当时的医学界泰斗,日本学士院曾经授予久野宁教授文化勋章,以表彰他对日本生理医学的突出贡献。久野为人为学都相当严谨,他对侯宗濂在课堂上的认真劲印象深刻。

侯宗濂入校学习不久,学校为了对优秀学生提供进一步的学习研究机会,成立了学生科研小组,为进行更深一步的课题研究做准备。课题小组由诸多教授负责指导,于是久野宁利用这次机会,亲自点名让侯宗濂来他身边工作,一起研究人体的发汗问题。

他们是在实验室里碰的面,侯宗濂当时围着围巾,戴着礼帽,他走进实验室,刚要脱掉大衣和帽子,原以为久野老师会让他坐下谈谈具体的工作想法,不想久野很不客气地说:"你还是戴着穿着,我们需要亲自来试验一下,首先观察自己是如何出汗的,这才能掌握更多的真实的第一手数据。"久野站起来,扔给侯宗濂一厚沓材料,并且告诉侯宗濂:"赶紧看,我没有时间给你讲太多。"这次会谈非常的简短,侯宗濂只得裹着厚实的外套在热气蒸腾的实验室里,站着仔细看这些研究材料，他当时一口气看了三个小时，久野则只在一旁的椅子上一声不吭地翻看着书籍。

久野宁的沉默教学让侯宗濂认识到自己该如何去做。从第二天起，侯宗濂就泡在实验室里，仔细观察久野所交样本的生理反应。他准备了一支笔，认真撰写着每一天的观察记录，做了一周以后，他把实验记录交给久野老师。

久野阴沉着脸，看了半天，只说了句"你先出去吧"，弄得侯宗濂忐忑不安地在实验楼里打转。到了下午，久野才把那个记录本还给侯宗濂，侯宗濂打开一看，上面密密麻麻写满了批注，而且字迹俊秀，都清清楚楚，在记录本的空白处，久野先生还写着简单的几个字，让侯宗濂哭笑不得："做得不错，但是还很不够，明天继续做。"

由于久野教授的严格训练，侯宗濂出色完成了科研小组的一个子研究课题，撰写出了自己的第一篇学术论文。他又得意地拿给久野看，这次久野只是淡淡地说："达·芬奇画蛋的故事你听说过吧，人家继续画蛋，你就继续写观察记录吧。科学这个东西没有经过长时间的实验检验，怎么能像你这样下如此肯定的结论呢？"

侯宗濂晚年撰文回忆起这段生活时说："当时我在学校，因为院教授会认为我做基础理论研究较为恰当，就做出决议，劝我钻研基础医学。这样，我才进入了生理实验室。我的启蒙老师是世界知名的日本生理学家久野宁教授，他给我留下了深刻的印象。他治学严谨，工作勤奋，读书总是到深夜。他首先要我多读一些书，而且要细读、深思，经常要问些'为什么'，有错没有？就是要有分析有批判地读书。要有信有疑，相信对的，怀疑错的，古人有一句话：'尽信书则不如无书'，是有一定道理的。"

久野教授还教导侯宗濂做科研时提出问题之后，先看教科书上有无论述，要有顺序地涉猎综述、专著等有关篇章，再查阅有关论文。平时也要每天阅读新书、新杂志，选读论文、文摘，达到既渊又博，才能掌握生理学在世界上发展的现状和各种新趋势。老师这些教导，给侯宗濂刚刚开始的学问之路打下了坚实的基础。

严师出高徒，侯宗濂从久野教授那里学到了做科研的基本思路，当他拿回被老师批评的论文后，并没有马上做修改，也没有置之一旁，而是仔细思考其中存在的缺陷，继续每天认真做观察记录。一般人看来，这种工作相当枯燥乏味，但侯宗濂却到了废寝忘食的地步。那段时间，每到下班时间，久野教授从不叫他吃饭，而是随着他加班，让助手把饭送到实验室里。

久野的助手叫冈西，是个日本小伙子，性格豪爽。

第二章 大学时代 发愤图强显露才华

他比侯先生大2岁,但却是同年进入南满医学堂的,在1919年南满医学堂(后来的满洲医科大学)毕业以后,冈西因对中国医学很感兴趣,所以曾经做过很长时期的中国医学问题研究。那时的冈西年轻活泼,对侯宗濂分外友好,他常常帮侯宗濂去食堂打饭,并总是风风火火地跑进来大喊:"侯,饭来了,快来,你再不吃,我就把它扔了!"

冈西喜欢说学校里面的各种花边新闻,以及在日本的有趣故事,感慨日本人生活和中国的差异,他常常告诉侯宗濂,久野教授是个外表冷酷、内心狂热的人,其实根本不用害怕他。

功夫不负有心人,两年以后,侯宗濂从实验数据中认识到发汗是与季节有着密切关系的,这不仅是一个有趣味的问题,而且是一个值得深入研究的事情。经过仔细的大量的实验记录的梳理工作,侯宗濂才把那篇搁置的论文修改出来,命名为《发汗与季节的关系》。该篇论文揭示了不同季节同一湿度条件下,汗腺活动水平和发汗量并不相同的科学规律,提出了影响发汗的一些心理因素。这是中国生理学家较早的生理学研究论文之一,具有很高的学术价值。虽然这只是侯宗濂的第一篇科学研究成果,而且用去了两年之久的时间,但因此建立的良好的科研习惯,正是让他受益一生的秘诀。

时人记述，南满医学堂有着浓厚的医学研究气氛。据说当时的学术活动较为活跃，助教以上人员都有围绕科室研究方向的个人研究课题，各科每周都召开一次"文献抄读会"。病人不明原因死亡，家属多能献尸尸检，医院还经常组织临床病理讨论会。每年召开一次满洲医学会，以南满医学堂为主体，日本国内有关学校、医院也与会发表论文报告。

众所周知，日本医学界的学派观念很深，当时医院里从院长到各科医长（相当于科主任）几乎都是清一色的日本人，而且绝大多数都持有日本医学学位。即使是各科室的医员（相当于主治医师、住院医师），也几乎都是从日本名校毕业的。这样的结构比例完全可以认为是对中国人的歧视所造成的。实际情况也的确如此。当时从南满医学堂毕业的学生为了提高个人的技术、实际操作能力和经验，都要到医院做实习医生，但实习期间的所有费用全部自理，这对于家境贫困的中国学生来说无异于雪上加霜。医院为了更多榨取实习医生的劳动，通常会让实习医生在医院实习几年，可是大多数实习医生都会因为无力支付那些生活费用而等不及实习期满便黯然离开医院再谋生路了。能够有条件挺到医院支付一定的津贴甚至熬个八九年转为正式医生的中国人，在这所学校里真可谓凤毛麟角了。

第二章 大学时代 发愤图强显露才华

虽然如此，侯宗濂却属于另类。这个时期的侯宗濂为人低调而勤奋，在学校里并不活跃，他似乎已经找到了自己的兴趣所在，表现出对心理医学的浓厚兴趣，他经常出入学校的图书馆，广泛涉猎弗洛伊德、荣格等心理医科学家的学术著作，面临这诸多的政策性歧视，侯宗濂都是以沉默和自身的努力予以回应。

本科四年的学习任务是相当繁重的，因此许多同学为赶上进度，常常学习到深夜方才罢休。侯宗濂也不例外，一度他感到眼睛疼痛，还休息过一个月上下。

平时在学校里，中日两国学生很自然地形成了两个派别，两派也不太搭话，甚至有时候闹些矛盾，而侯宗濂却是两派都比较认可的中间人物，中国同学觉得他聪明勤奋，日本的学生也觉得他为人可亲，并没有一般中国学生的激奋和孤傲的个性。大家伙儿在闲暇之余，也常常"指点江山，激扬文字，挥斥方遒"，当时和侯宗濂走得较近的中国学生有石增荣、阎德润、张伯岩等，他们后来也都成为我国医学界的专家学者。

"忆往昔峥嵘岁月稠"，最令侯宗濂难忘的是在1919年，他快要理论课毕业、进入实习的那一年发生的"五四运动"。"五四运动"无疑是中国历史上影响深远的重大事件，它使救亡与科学启蒙激荡在神州大地。我国的北洋政府外交在巴黎和会上的失败，我们寄予厚望的欧洲列强无视我国利益,把青岛的宗主权从德国转手于日本,事件发生以后,北平的学生火烧赵家楼,喊出"内惩国贼,外争强权"的激扬口号,一时间举国上下"四万万人齐下泪,人间何处是神州",形成了大规模的爱国抗争运动。虽然日本长期经营沈阳,但是却无法经营当地中国人的爱国心。侯宗濂就读的南满医学堂虽然严禁学生上街闹事,还采取了封校等应急措施,但是仍有少量学生不顾劝阻参加了沈阳市民的游行抗议活动。侯宗濂虽然无法上街参与游行,但还是偷偷阅读了沈阳一些进步的报纸,时刻关注着事态的进一步发展,班里一些爱国学生甚至申明要以退学来表达对日本的不满,更有激动者去砸学校日本老师的玻璃。

那天下午,久野教授把侯宗濂找来,郑重地告诉他:"政客的事情实在是肮脏的,对最近中日两国之间发生的事我感到很抱歉,但是希望你能够安心学习,专心于科研工作。"侯宗濂知道久野先生是一名温和的长者,他也平静而不卑不亢地对久野教授说:"你们的政府的确做得很糟,但是这不会影响我对您个人科学成就和高尚人格的尊重。作为一名中国人我很伤心于我们的政府,这次事件让我认识到没有先进科学技术的国家也不会有受人尊重的国际地位,我希望我能够尽我的力量去帮助改变它。而我知道,这一点,您是能够帮助我的人。"久野听完侯宗濂的话,感慨地说:"你是一个出色的中国学生,我很欣赏你。"

"五四运动"最终以我国外交代表拒绝在合约上签字,北洋政府对办理此事的外交官曹汝霖、陆宗舆、章宗祥撤职查办而结束,侯宗濂在得知事件结果后,和石增荣、阎德润、张伯岩等好朋友一起喝酒庆祝。

在学校,侯宗濂还是个体育健将,乒乓球打得不错。快毕业的一天,侯宗濂和张伯岩几个中国学生一起打乒乓球,不一时过来几个中国人,为首的是个和他年龄相仿的眉清目秀的小伙子,他提出要和侯宗濂打球,侯宗濂于是拿着拍子和他打了起来。这个小伙子打得虽然一般,但是颇有气势,不停地主动进攻。打了一会儿,他停下来擦汗,就问侯宗濂是哪里人。侯宗濂说是海城的,那小伙子一听特别高兴地说:"我也是海城的,老乡。"于是阎德润、石增荣几个辽宁籍的也纷纷搭话了,这个小伙子特别高兴地说:"还是咱们老乡看着亲,今天一下子见了好几个,太开心了。"

双方又打了约半个小时,小伙子要走了,并且上前和侯宗濂握手,诚恳地说:"你乒乓球打得不错,是学医的,应该也不会差。真希望和你一起再打会儿,可惜没时间了。我经常来这里打球,希望以后还有机会。"侯宗濂见这小伙子也很实在,一问之下,才知道他们居然同岁，大家又聊了一会儿，小伙子就走了，但是并没有留下名字。后来听到有人说："那是张学良，是省长张作霖的大公子。"

1920年，当侯宗濂圆满完成实习、准备毕业的时候，他非常想做名出色的内科医生，他把这一想法告诉了同学师弟阎德润。阎德润是他的老乡，因此彼此熟悉，阎德润提醒他："侯，久野教授挺喜欢你的，你为何不去找他，看能不能留在这里工作，条件又好，也能够实现理想。"侯宗濂笑着说："这里很少留中国学生，再说我虽然和久野做的发汗研究，但是我还是想继续做内科工作的。"阎德润道："这个是你的模糊想法，等你真的钻进去了，也许你还是会喜欢上生理医学的。"

毕业工作的事情还没有敲定，按照惯例，他们这样的学生会留在满铁的一些下属医院工作，侯宗濂也想回到家乡海城开设个诊所什么的，一时也拿不定主意。这时久野教授告诉他，因为他的出色表现，系里决定把他留下来，担任学校生物医学课的教员，但是首先条件是他必须申请加入日本国籍才行。

面对人生的一次重大抉择，侯宗濂彻夜难眠，他当然明白留校任教于他而言是科研生涯的重要支点，这样不但可以很好地从事他喜欢的科学研究和医学实践，而且母校的待遇也是非常不错的，但是加入日本国籍，却让他难以接受。

思考几天以后,他去信给自己的父亲,希望父亲表达看法,父亲没有说什么,只是让他想想自己的名字是如何来的。

于是侯宗濂对导师提出的让他加入日本国籍的要求明确表示了拒绝,他告诉久野教授:"日本的确是很强大的国家,但是中国是我的祖国,我从医的最初理想是不想让别人把我们的同胞称为'东亚病夫',请老师您谅解我的这一立场。"

久野虽然开始有些生气,但是他认为自己的学生还是很有原则的,于是向学校转达了侯宗濂的基本立场。学校领导相当生气,但是经过一段会议争论,最后还是决定妥协,把他留下来。

侯宗濂工作有了着落,就回家去看望父母。

父亲的身体已大不如前了,看到自己的儿子,深感欣慰。侯宗濂在家里待了半个月,他和父亲还有弟弟妹妹一起吃饭,父亲告诉他:"孩子,你现在要上班了,可以养家了,我就放心了。虽然你所在的医院是日本人开的,但是一定要记住,你是一个中国人,你是一名医生,治病救人是你的工作,别做对不起自己良心的事情,这样晚上睡觉才会觉得踏实。"

告别了多姿多彩的大学生涯,侯宗濂终于留在母校担任了生物课程教员。崭新的工作对他是很紧张的,但是还好这一切并不陌生,只是一种身份的转换罢了。第一学期,侯宗濂就主动申请指导系里学生的生理实验课。对这个要求,开始系里是存在不同意见的,但是侯宗濂的好学深思和诚恳态度还是赢得了院系老师普遍的认可,在久野教授坚持下,不久他就开始给本科生讲授生理理论课了。

侯宗濂不仅是一个科研精深的学者,更是一个善于讲课的老师,他在第一次课堂中,充分发挥了幽默机智的天分,把学生都给迷住了。

这种日子似乎怡然自得,侯宗濂一边讲课,一边利用时间做些科研,每天几乎还是学生时代那样三点一线地穿梭在教室、图书馆和实验室里,过得非常充实。但是他却觉得心里面缺少些什么,他时常在屋子里静静地坐下来,沉思自己的理想和现在所处的位置,他对自己已经有所深入的"发汗问题"产生了浓厚的兴趣,继而决定把这一问题继续深入下去。

久野教授对这个学生也很看重,时常把他叫到办公室谈心。当侯宗濂把这一想法告诉导师时,久野沉默了片刻说:"你想把课题深入下去,我可以推荐你去我的母校进修一段时间。"侯宗濂一下呆住了。

久野毕业于日本京都帝国大学,这是日本的名牌大学，日本国对侯宗濂来说，是陌生而又熟悉的。他知晓日本的强大和富庶，侯宗濂对日本有一种复杂的感情，因为他所认识的久野、冈西等人，都给予了他不少的关怀，但是另一方面，日本狂热好战分子的侵略行径，也常让他觉得有种内心的痛苦。出国进修这件事，的确是一个艰难的决定。

20世纪20年代是留日潮风起云涌的时代。日本在明治维新以后的崭新气象成为中国知识分子竞相仰慕的楷模，张之洞在1898年写的《劝学篇》中就深入探讨过留日的好处："至游学之国，西洋不如东洋。一路近省费，可多遣；一去华近，易考察；一东文近于中文，易通晓；西书甚繁，不切要害，东人已删而酌改之。中东情势风俗相近，易仿行，事半功倍，无过于此。若自欲求精求备，再越西洋，有何不可？"由于清廷的大力提倡，从20世纪初开始，每年赴日的中国青年渐成规模，甚至多达万人。1905年孙中山先生在东京成立"同盟会"策划反清革命时，主要领导人和地方分会的主盟人孙中山、胡汉民、黄兴、邓家彦、汪精卫、宋教仁、秋瑾、蔡元培、廖仲恺、徐锡麟、吴玉章等骨干都是留日学者。在革命组织成立的两年时间里，即有960多位留日学生望风而归。在清末民主革命的进程中，归国留日学生无疑起到了关键的领导作用。

及至民国以后，民主科学、实业救国成为当时社会的最大风尚，日本的先进与文明继续吸引着欲求真知的中国学人。侯宗濂甫听到导师的想法，也认为这对自己的发展是个不错的机遇。

当时的南满医学堂为了学习引进先进技术，除每年派骨干医生到日本学习外，还派人到欧美等国尤其是德国进修学习。这种德日进修的传统，目的就在于培养学院的学术梯队，希冀提高这些年轻骨干的医科水平，只是在出国人选的筛选上非常严格。

久野教授见侯宗濂认同了自己的建议，于是说："侯，你先好好工作，我会给你联系的。那边的石川教授是我的学长，你过去也有个人照顾，希望你好好在我的祖国学习。"

久野一边在系里和学校为他的这名得意门生奔走，一面写信给京都帝国大学的学长石川，向他极力推荐自己的这名中国学生，久野在信中称赞侯宗濂是"资质俊秀，人才殊为难得"，在久野教授的热心帮助下，学校终于批准侯宗濂前往日本进修，并且给予一定的生活补贴。

好消息传来，实验室的同事都共同庆贺，阎德润因在外地考察，还亲自给侯宗濂打来电话祝贺，师弟杨永年也给侯送了一支钢笔作为礼物。

侯宗濂为人温和，所以在单位里人缘口碑甚佳。

第二章 大学时代 发愤图强显露才华

1922年9月，侯宗濂就要乘船前往日本京都帝国大学留学了，临别之时，医院的同事朋友欢聚一堂，在沈阳给他开了个温馨的送别酒会。在酒会上，大家互道珍重，彼此慷慨垂泪，悠扬的笛声伴随着温婉的歌声传来：

"长亭外，古道边，芳草碧连天。晚风拂晓笛声残，夕阳山外山。天之涯，地之角，知交半零落。一觚浊酒尽余欢，今宵别梦寒。长亭外，古道边，芳草碧连天。晚风拂晓笛声残，夕阳山外山。长亭外，古道边，芳草碧连天。孤云一片雁声酸，日暮塞烟寒。伯劳东，飞燕西，与君长别离！把袂牵衣泪如雨，此情谁与语！长亭外，古道边，芳草碧连天。晚风拂晓笛声残，夕阳山外山。"

这首由李叔同作词，曲调源自美国歌曲《梦见家和母亲》的《送别》，无疑让侯宗濂感到了母校同事给予他的殷殷深情。

第三章　南满医堂　执教育人留学东瀛

京都帝国大学（简称京都大学）创建于 1897 年，是当时日本与东京帝国大学齐名的最著名的国立大学。京都帝国大学与东京帝国大学实力虽并驾齐驱，但它们的传统与办学目标迥然相异。东大以培养治国政经人才为主，京大则以培养科学家见长。在科学研究方面，京都帝国大学人才和成果非常骄人，因而被人们称为"科学家的摇篮"。京大从创校以来就有着理重于文的传统，20 世纪 20 年代，京都大学已经是群英荟萃，日本著名的马克思主义理论权威河上肇先生就在此校任教，中共创始人李大钊就曾经是他的狂热崇拜者，大约和侯宗濂同时在校的还有中共早期要员周佛海。

由于京都大学的良好学术氛围，时人称之为"京都学派"，有人甚至评价京都大学的学者教授们"十分执著于理论研究，即使在常人看来芝麻一样的小事，京大教授也会饶有兴趣，只要合乎学术道理的，就会义无反顾地去做"。日本专家也普遍认为这里"比东大更尊重学生的独立自主的精神"。不少京大学生都承认在京都大学"学习有种自由感,校方在学习和生活上从不施加过多的压力,有志者致学,无志者尽兴,各听其便,互不干扰"。

侯宗濂入校时该校校长是1915年6月上任的荒木寅三郎,他也是生化领域的专家,荒木后来成为双手沾满中国人鲜血、臭名昭著的731细菌部队首长石井四郎的岳父。

侯宗濂在9月时节从沈阳坐火车出发,后经安东过鸭绿江,穿过朝鲜从釜山乘轮船到达日本京都。几年前周恩来赴日之时,曾经在这条路上写下豪迈的诗句:"大江歌罢掉头东,邃密群科济世穷。面壁十年图破壁,难酬蹈海亦英雄。"侯宗濂此去,也是秋风得意船乘风,别有一番滋味在心头了。

京都位于日本主要岛屿——本州岛的中西部,这里气候宜人、风景秀丽,降雪期偏长,是具有浓郁日本风情的古都。京都是日本人心灵的故乡,也是日本纺织物、陶瓷器、漆器、染织物等传统工艺品的主产地。同时,它还是日本花道、茶道的繁盛之地,因此被称为"真正的日本"。这里是接受日本文化熏陶的好地方,京都几乎每天都有庆祝活动和例行节日,富有浓郁的日本乡土风情。

侯宗濂初到这座美丽的城市就好好游览了京都的美景。在街头，他看到了精神高昂的日本男女，着各种鲜艳的衣服，侯宗濂用娴熟的日语与他们对话，真有种不知何处是他乡的恍惚感觉。

在街上，侯宗濂买了几把当地的特产扇子，日本老板殷勤地告诉他这是京都的标志产品，侯宗濂通过邮寄方式把它们分赠给国内的亲友和医学堂要好的同事。

初到异国，他还是万分着迷于美景的。在给杨永年的信中他如此描绘："京都美极了，大大不同于我们所赞叹的沈阳，这里非常的繁华，而且有种典雅的气质，当地的日本姑娘穿着的都很时髦，也很有礼貌，和我国完全是不同的风情，看来日本能够称雄亚洲，国民气质也是远胜于我们的。"

到学校的第二天，报到以后，趁着闲暇，侯宗濂游览了京都市西郊的著名风景区——岚山山麓的龟山公园，周恩来曾在1919年4月5日冒雨游览岚山时吟过一首题为《雨中岚山》的诗歌："雨中二次游岚山，两岸苍松，夹着几株樱。到尽处突见一山高，流出泉水绿如许，绕石照人。潇潇雨，雾蒙浓；一线阳光穿云出，愈见姣妍。人间的万象真理，愈求愈模糊；……模糊中偶然见着一点光明，真愈觉娇妍。"

第三章 南满医堂 执教育人留学东瀛

周恩来在日本的时候，曾经也想进入京都帝国大学学习，还为此写了诚恳的入学志愿书，但是最终因各种因素，他没能如愿。侯宗濂进入京都帝国大学的想法，虽和周恩来对政治真理的向往与追求不同，但是二人在寻求科学的道路上迈步前进这一点上可谓异曲同工。

侯宗濂就读的医科在该校非常著名，后来在中国犯下滔天罪行的731细菌部队的长官石井四郎就是医科系的高材生，当时石井四郎也正在医学部进修。

宗濂第一次见到石井四郎，正是在课堂上，石井和老师为一个学术问题发生了激烈的争论，石井的脸涨得通红，他的声音很沉闷，但却很有力量。他大侯宗濂8岁，个子也较高，约有一米七五，平时看起来非常儒雅。同学都传言他在"池田学校"念小学时，一个晚上，就能把当天学的课文全都背诵下来，这种惊人的能力连老师也大为惊讶。中学毕业以后，石井四郎被日本军方选中，作为陆军的委托学生就读于京都帝国大学医学部。因为学习刻苦、成绩出类拔萃，虽然还是个娃娃，但荒木校长已对他另眼相看。不久，军方对他的生物医学研究寄予极大的希望，在1920年底，大学毕业的石井正式到日军服役，在1924年的8月时，职务为日本第一陆军医院军医大尉。他再度考入京都帝大医学部读取研究生，主攻细菌学、血清学和防疫学。这个时候的石井四郎，不久就和荒木校长的女儿谈起了恋爱，学校中一般学生他根本不放在眼里，侯宗濂也和他基本搭不上话。

　　一次学校的中国学生组织老乡会，侯宗濂在宴会上遇到了周佛海，着白西装，瘦瘦的、高高的，"停船暂借问，或恐是同乡"，作为当时的精英俊秀，彼此见面畅叙思乡之情。周佛海此刻正对自己的共产主义信仰产生矛盾，而且生活上颇有些潦倒，但是周还是对静静地坐在一旁的侯宗濂伤感地说："你来日本很好，这里确实发达，我们国家太难达到这样的科研和生活水平了。我是学经济的，你是学医的，专业本都是可以救人的。依我看，现在的日本已经取代我国成为亚洲的领头羊了。"

　　侯宗濂对周佛海这句话不置可否，但是大家都在传周的一件事让侯宗濂印象深刻：

　　周佛海最爱听这里两位老师的课，一个是河上肇的马克思主义理论课，一个是小川乡太郎的财政学。

　　不久，周佛海就毕业回国了，他在《扶桑笈影溯当年》一文中记述说："学校快毕业，却又非常恐慌。没有进学校，不能领官费，饭都没有吃，哪里能读书？毕业离开学校，官费不能再领了；如果找不到职业，饭都没有吃，哪里能革命？哪怕你志气比天还高，哪怕你野

第三章 南满医堂 执教育人留学东瀛

心比海还大,不能生活,什么都是空话。志气不能充饥,野心不能御寒!咳!生活,生活,这两个字,古往今来,不知埋没了多少英雄豪杰,志士仁人!"

与周佛海的生活拮据、毕业无着相比,侯宗濂的日子因为学校的补贴和去向明确倒还说得过去,加上侯宗濂与周佛海热衷政治不同,他比较淡泊政治,在交际上不大乱花钱,他深知因为导师的推荐,他才能来到这里学习,因此在专业上兢兢业业,他更关心的是自己的科学研究事业。

为了积极汲取丰富浩瀚的科学的营养,他先在石川教授指导下研究肌肉神经普通生理学。石川教授后来出任过京都帝国大学医科部长,是久野老师的学长,也是一个独到的资深专家。

侯宗濂自述这段历史说:"由于当时石川同时指导了十几个研究生、进修生和助教,所以对每个人不能一一详尽指导,论文完全要依靠自己写。这犹如把一个小孩投入水里,让他(她)自己去学游泳一样。现在回忆起来,这对培养我的独立工作能力大有好处。"

京都大学医科部的崭新环境和自主教学模式,给侯宗濂带来了不小的挑战,但是侯宗濂不是那样轻易服输的人,来到京都以后,每天同学都能够看到他穿梭于实验室、图书馆的身影,因为他的刻苦勤奋,石川也比较满意，称其为"最好的学生"。不久，随着自身研究工作的深入，侯宗濂又在正路伦之助教授的指导下开始研究生物物理化学。

正路和石川一样，都是对实验要求很严的老师，当他见到这名中国学生的时候，开始颇有些不以为然，他对侯宗濂说："我听同事都说你是很棒的中国学生，我不认为你们中国人会在我的这个领域取得什么成就。我很满意的学生石井四郎，你见过吧，要像他一样勤奋，不然，你是不能够毕业的。"

侯宗濂笑着回答："石井先生业务确实很棒，但是这并不证明日本人一定会在医学上独霸，现在日本的医学优势如果只是用来沾沾自喜的，我们中国学生会依靠勤奋和韧性迎头赶上的。"

侯宗濂虽然不大乐意正路老师把他和一个日本优秀学生相提并论，但是他还是暗自鼓劲要努力学习，不让老师看扁。

这一个学习阶段是侯宗濂很充实的一段日子。一天，侯宗濂做了一项科学研究反驳了米歇利斯（Michaelis）教授的工作。这位教授曾写过《数学在生物学中的应用》一书，书中讲到试验工作中如何分组的问题，可是他在另一篇论文中恰恰在分组问题上出了差错。侯宗濂看到后，通过实验"以子之矛，攻子之盾"

第三章　南满医堂　执教育人留学东瀛

进行了纠正。米歇利斯教授是这个领域很受尊重的前辈，通过这件事，侯宗濂认识到，任何人都可能出错，但是科学不允许出一丝一毫的差错。由于勤奋研究，这个时期，侯宗濂先后发表了数篇科研文章，当他把这些文章拿给导师时，正路教授也不得不对他刮目相看了。

到1924年，由于他在进修阶段的突出表现，他的母校南满医学堂（南满医学院）还把他聘为学校的讲师。

有一次，侯宗濂正好在实验室遇到了石井四郎，石井的旁边还有一个小伙子，叫增田知贞，是石井四郎的同窗好友。这时的石井虽然只有33岁，但已经有几项研究发明在案，并且他正在研究病理、细菌，风头甚健，在学校也有一批忠实的追随者。石井满脑子的军国主义思想，因此颇瞧不起来自中国的同行，他对侯宗濂说："我听说正路教授很赏识你，一个中国人，能被导师赏识，看来你还是很不错的。有兴趣跟我干吗？"

侯宗濂自然知道他一心在搞细菌，而且这种研究受到日本军部的大力资助，目的很令人怀疑。而且这和自己专业的兴趣有些距离，于是侯宗濂平静地回复他："石井先生，你是日本的骄傲，很高兴能让你入眼，但是我们道不同，你是日本帝国的精英，喜欢做些令日本帝国高兴的事，而我对你们帝国高兴的事情却没有多大兴趣，我只想回到中国去给病人治病。"

石井四郎看侯宗濂和他们不是一路人，只得和增田悻悻地走了。

几年以后，石井四郎和增田相继在东北搞他们的731部队，进行残忍的细菌战，使用活人进行秘密试验，石井也蜕变为"杀人恶魔"。侯宗濂曾经接到正路教授的来信，暗示过这一日本帝国的最高机密，石川在信中认为石井四郎是日本科学界的骄子。侯宗濂回信批驳了这个观点："石井先生是您指导出来的一个非常聪明的科研人员，有着浓厚的研究兴趣和不可思议的科研潜力，但是很遗憾，他把神圣的科学工作和肮脏的政治牵扯到一起，我个人认为，这是极度危险的倾向。我们中国有句古话，说作为医生，可以救活一命，不小心则只能杀死一人，但是作为政治人物，一个不小心，却可以杀人无数，何况您的学生石井先生似乎认为杀人是为了医学研究，这让我觉得不可思议。上帝如要让谁灭亡，必先会让其疯狂，在我看来，您所赞赏的石井先生已经疯了，请您原谅我说话的直率。"

由于正路也逐渐被卷入日本的肮脏秘密实验，在认知上和侯宗濂的立场发生了严重的分化，从此以后，侯宗濂和这位导师也就不再联系了。20世纪30年代，他的母校京都帝国大学医学部成了日本活体实验的基地，为"杀人工厂"培养了不少技术骨干。因此，京都帝国大学医学部的30年代也成为一个极不光彩的时期。

20年代中期，侯宗濂虽然身在国外，但是却时刻关心着国内的风云变幻。不久，国内医学界发生的一件大事让他声名鹊起。那是对于孙中山先生的疾病诊治问题的举国争论。

1924年冯玉祥将军发动北京政变，逼迫"末代皇帝"溥仪离开皇宫，冯玉祥与国民军将领联名致电身在广东的孙中山，邀其北上指示"一切建设大计"。于是，孙中山于该年11月13日偕宋庆龄、李烈钧、邵元冲等20余人，离开广州经上海、日本，至12月31日抵达北京。由于长期为革命奔波，积劳成疾，他得了严重的肝病。加上这次北上，长途跋涉，操劳不息，使病情加重。到了北京后，段祺瑞又以善后会议与孙中山倡导的国民会议相对抗，激起孙先生的愤怒，因而促使先生的病情更为恶化。到北京仅五天，孙中山就不得不住进当时的协和医院进行治疗。

1925年1月20日以后，孙中山的病势严重，至24、25两日，竟不能进食，一进食即作呕，体温愈高，脉搏愈快。经医生会商结果，认为有立即移住医院施行手术的必要，因此与家属和重要同志协商，由宋庆龄劝他入院开刀，孙最终允诺。遂于26日下午3时移至协和医院，医生根据其过去的病情和现在的危急情况，决定立即开刀。在腰部割口将肝之脓吸出，检查全肝，已经坚硬如木，证实患的是肝癌，且癌细胞已四处蔓延，无法割治。当晚由德、美、俄三国医生切片检查，亦证明是癌症的晚期，以当时的医疗情形而论，确实无药可治。当时西医治疗癌瘤最流行的方法是镭锭放射疗法，可以阻止癌细胞继续蔓延，可是一切都显示为时已晚。

在孙中山手术后，围绕孙的治疗问题有两种不同声音。以张静江为首的一方，见放疗起色不大，极力主张请中医治疗。孙科和汪精卫则犹豫不定，宋庆龄等人都请孙中山改用中医。但汤尔和等跟随在旁的西医大师坚决反对请中医治疗，这是因为当时的西医是容不得中医中药的，协和医院的态度就十分明确，要服用中药就必须搬出医院，即便尊敬如孙中山也不能例外，即便协和医院院长是自称为孙先生好友的刘瑞恒，也没有一点可以通融的余地。

孙中山的病情以及在治疗上使用中西医之间的摇摆不定，在当时成为一件具有高度象征意义的大事件，因为孙中山的地位和威望，对中西医的取舍就成为医学界高度敏感的大话题。当时的中、西医期刊及各大报章均逐日地、巨细靡遗地报道孙中山病情的发展，并密切注意孙先生所接受的各种治疗方案。在医院之外也引起了一场中西医论争，最著名的是汤尔和与汪精卫之间的争论。

汤尔和是西医的代表性人物，也是侯宗濂所尊敬的前辈，他在《晨报》上发表了《关于孙中山病状的疑问》，质问孙先生的助手汪精卫，对他公开试用中医治疗孙先生疾病的主张加以指责。汤尔和认为："我敢放肆说一句，中医要讲医理那是完全站不住的。退十步说，现在中医的先生们实无'论病'之可能，更不要说'治病'。为什么呢？若使我们同他讲癌的形状、种类、转移等等，他说那是外国语。我们就问他中医所必须知道的事情，如同心肝脾肺肾的位置，相火是什么东西，中医有几种解释法，王勋臣（中医）看不懂的一层膜是什么？甚至于问他寸关尺的部位，恐怕他也不见得清楚。这种'数典忘祖'的朋友，如何把孙先生的生命交给他制裁。"

汤尔和毕业于日本金泽医学专门学校，曾在德国柏林大学获得博士学位，他对待中医的态度，其实就是当时留洋学者轻中重西、中医药被蔑视的现实折射。不过汪精卫作的《答汤尔和先生》，对汤尔和贬斥中医的态度予以了回应：

"凡是有科学思想的人，都是很虚心的，都知道现在的科学对于世界万物所知道的还很少，所不知道的还是很多。例如癌病，科学今日尚未能发现特效药。至于将来能否发现,是科学家发现还是非科学家偶然发现而为科学家所注意,现在无人敢说肯定的话。如果有人肯定说非科学家不能发现特效药,科学家尚未发现,其他一切人类便无发现之可能,那么,我要以汤先生的话回赠他道:'这是名为科学家,实则顽固派。'"

汤尔和与汪精卫的中西医争论刊载于《晨报》和《民国医学杂志》等报刊,当时在社会上引发了中西医的激烈论争。这时身在日本的侯宗濂25岁,他也每天通过报纸了解孙中山疾病治疗的详情,由于自己在医学上的研究也算登堂入室,他也积极投入这场科学论战。侯宗濂强调自己虽然在学界只是小字辈,但是也不算个门外汉,他在文章中基本认同汤尔和的医学观点,强调了医学的基础在于解剖,仅凭中医的图画模型绝不能对人体有精细的了解。侯宗濂写道:"查医学基础以人体解剖为不二之根据,在医术修明诸国行之七百年久,无讨论之余地。我国医事标名独早,然夷考简册,所以却病已疾者,要皆体会经验,而无学术之可言。班书所称,史传所载,古医者流,剖腹洞颅,凿凿有据,然皆刲割技能,非解剖术式。世传明堂脉络诸书,依稀仿佛无可观览。西汉之末,王莽颇有意于解剖,而举世非之。王勋丞生千载之下致疑于古人,慨然欲观人身脏腑,而当时目为狂生,故解剖之学,

第三章 南满医堂 执教育人留学东瀛

自古无称不能谓讳也。"

侯宗濂一直受到西医科学的严格训练,自然是站在西医一边,认为中医是缺乏科学性的。他在日本发表文章,在孙先生的治疗上支持汤尔和的观点,批评了西医专家周振禹等对中西医折中的较为谨慎的看法。可见,当时的侯宗濂因为置身海外,并且长期沐浴欧风美雨,加之多年的临床经验,对中医的认识还是有些偏颇的。

但是不可否认的是,侯先生完全是站在严谨的学术立场来看问题的,他也非常尊敬孙先生,本着对孙先生生命及其医学立场负责的态度参与了这场学术论战,虽然最终中西医都在挽救孙先生生命上无力回天,但是侯宗濂却因为对重大疾病的见解深刻,对西医的理解精湛,由此声名鹊起。

孙中山的溘然去世,给力主西医诊治、相信科学万能的侯宗濂带来了不小的心理冲击,使他认识到,医学研究尚未攻克的难题还很多,于是他排除各种干扰,更加潜心自己的学术研究工作。

侯宗濂徜徉于京都帝国大学优美的校园自然环境,过着不同于京都当地人"优哉游哉"的生活。经过一段时间的思考实验,他自主提出了"温热对直流电作用于神经的影响"的研究课题。当他把这个课题告诉正路教授,正路教授很和蔼地告诉他:"侯,你努力吧,这个东西相当不错，希望你会有所突破。"

为了完成课题的攻坚任务，方向确定以后，侯宗濂基本放弃了休息，整日待在实验室里，回到宿舍，也是经常思考到深夜方罢。京都帝国大学法西斯主义的浓重空气似乎也无法感染他清澈的心灵，而只能成为他醉心科学的最好参照坐标。1926年的春天，侯宗濂终于有所心得，并且几经易稿，完成了自己的这篇毕业论文。

1926年在东京召开了第七届国际热带医学会议，侯宗濂作为中国代表在会议上宣读了自己的这篇论文。

他在会场的出色表现，赢得了与会代表的热烈掌声，也引起了台下一位先生的注意。等到侯宗濂的发言完毕，这位先生走到侯宗濂的身边，很大方地伸出手，轻声说："认识一下吧，我是林可胜。"

侯宗濂吃了一惊，他没有想到站在他面前这个和他差不多大的先生就是大名鼎鼎的林可胜教授。

林可胜教授生于新加坡，是从英国归来的生理医疗权威，他在1926年2月27日刚刚在北京协和医学院主持成立了中国生理学会。能在异地他乡遇到自己的国人，而且还是同行，侯宗濂也很激动，急忙伸出手，两个人随即坐到一起，畅谈起中国的卫生生理事业。林可胜先生不无感慨地说："刚才听了您的报告，非常出色，这个问题是新领域，您给我们国人争了光。"

侯宗濂也道："我听说您刚刚创办中国生理学会，又担任着北平协和医学院生理科系主任，感觉如何？"

林可胜笑道："你的消息很灵通嘛！"侯宗濂道："是同行，就得要时刻跟踪最新内部消息啊。"

林可胜没有正面回答这个问题："你在生理学方面做得很好。我们协和生理学实验室刚刚组建，明年我们还想创办个《生理学杂志》，我国现在在生理学这方面还很落后，正需要志同道合的同志一起来努力。南满医学院毕竟是日本人的医院，中日关系现在很紧张，不出十年可能必有一战，不知侯先生能否来我们协和指导工作，一起为我们国人争口气？"

侯宗濂见林可胜说得如此诚恳真实，也就慨然应允说："正是求之不得，你的想法也正是我的理想。"

两个人越谈越觉得投机，于是会议间隙，又一起吃了晚饭，共同在东京街头散步。侯宗濂道："你比我大三岁，确实比我想得多，我原以为自己做好科研就是给民族、国人争光，现在才理解，不是我一个人要做好，而是应该帮助大家一起来做好。"林可胜笑道："你这些话和我家里人说的一样。"

林可胜出身医学世家，他的父亲是新加坡著名医生、社会活动家林文庆，母亲黄端琼则是同盟会著名会员黄乃裳之女；姨父伍连德是国际上声誉卓著的防疫专家，20世纪初，由于扑灭震惊世界的我国东北瘟疫而成为世界防疫科学的权威。林可胜的弟弟林炳添，毕业于香港大学医科，留学美国。

侯宗濂笑笑道："小时候，我们东北闹鼠疫，就是你的姨夫伍连德先生指导大家消灭鼠疫的，你若见到他，一定要代我向他问好！"

林先生笑着回答："我姨夫现在正在你们东北创办哈尔滨医学专门学校，我看你们以后见面的机会可能比我还多。"

两人整整聊了一夜，临分别的时候，林可胜对侯宗濂说："今天一言为定，我们协和很需要你的帮助。"侯宗濂笑着说："不是帮助，我是要回去的，我们本来就是同志！"

经过这次东京会议，侯宗濂不仅荣获了国际学术界的高度肯定，而且认识了林可胜教授，的确算是受益匪浅。

从东京再次回到母校，也该是自己博士毕业的时候了，正路教授打来电话表扬了他在东京大会的出色表现，并语重心长地叮嘱他："侯先生，好好休息，再整理一下自己的论文，答辩会见。祝你好运！"

要离开生活四年的京都，还真有些不舍。走在校园里，呼吸着满树灿烂的樱花散发的芬芳，心中默念着"柳树与樱花交错种植，如锦如缎"。望着在身边来回穿梭的莘莘学子，宗濂有着些许的失落。毕业前一周，同学们相约一起去登山。那一天，大家伙儿照了很多照片，还一同去了西本愿寺，一起拜佛祈福，在回来的路上，还一起吃了日本的料理、年糕串、蕨做的年糕饼，一路上看着京都如花似玉的美丽，侯宗濂也不由得感伤起来，这些美丽的身边风光，就这样不能随他一起前行了。

1926年的4月时节，侯宗濂在日本京都帝国大学组织的博士论文答辩会上，侃侃而谈，论述精密。当时有一名答辩委员对中国人的科研颇不以为然，故意与他为难，提出一个相当刁钻的问题，语气也甚为轻慢。侯宗濂立刻拿起几支彩色粉笔迅速绘出神经图形，针对问题做了详细解答。

他终于以出色的表现通过了学位论文答辩，正路教授在对他的评语中说："侯宗濂先生对科学研究抱有严肃热情之心态，能够为科学实验扎实工作，其拥有一往无前之气魄，兢兢业业之精神，加之思维缜密，对于学术精尖有敏锐的感知和把握能力。其科研论文布局合理，建立在严格的实验数据基础之上，并得以细致钻研，因此结论令人信服，相信实验的预见和超越性会在以后的临床上获得充分的验证。"不难看出，侯宗濂的优秀也让这个挑剔的日本籍导师心悦诚服了。

离开京都，侯宗濂回到祖国是在这年的9月，人甫到沈阳，他就赶回学校。

这时的南满医学堂已经更名为"满洲医科大学"，并且从这一年开始许可中国女生入学了。侯宗濂作为中国方面的后起之秀，他为此写信给校长说："男女平等说了很久，但是一直未有突破，如今我校能够允许女性入学，实在是大好事。为两性平等的正义事业开创居功厥伟。"

他主动要求能够去中国医学研究室工作。这个研究室刚刚成立一个多月，人力还很不足。侯宗濂诚恳地说："我是中国人，应该让我在这个部门工作。"

按照南满医学院的惯例，留学人员回国都需要先休养一段时间再上班，校长因此婉言劝慰他先别着急工作。侯宗濂则对校长说："我是来这里从事治病救人工作的，不是来母校休息的。"校长被他的话感动了，于是同意了他的请求。

侯宗濂径直前往自己的工作实验室。实验室的同事看见他回来，一个个上前和他握手拥抱。师弟阎德润、杨永年、张伯岩等都高兴极了，在实验室沉醉于实验的久野宁教授听到侯宗濂的脚步声，摘下眼镜，也亲自上前给了他一个紧紧的拥抱，良久才松开。久野对侯宗濂说："侯先生，我代表咱们实验室祝贺你学成归来，中午我请大家吃饭，德润不久也要去京大学习，他可能还要和你好好畅谈一下留学心得。现在我们先开始实验吧。"

侯宗濂笑了，于是马上拿起桌子上的实验记录本，大家有条不紊地投入了工作。

就在这一年，侯宗濂被满洲医科大学破格提拔为副教授。

刚回国的侯宗濂年仅26岁，但是已经是国际生理学界的知名人士了，可谓少年得志。但是他丝毫没有骄傲的情绪，在实验室里，做研究实验，他常从早到晚，非常紧张，午饭只能在实验室里吃，他常常让人到附近的饭馆买些大饼、酱牛肉和咸菜，同大家一起边吃边做实验。在试验中，他也总是一丝不苟地干活，没有任何留学精英的架子，依然是和久野老师一起忙忙碌碌。

这时的师弟阎德润也非常勤奋，他的兴趣集中在单个汗腺泌腺量的测定方法上，阎德润常来请教侯宗濂各种医学问题，其实阎比侯宗濂还大三岁，但是因侯宗濂入校早，因此他称呼侯宗濂为师兄。加上师弟杨永年，他们几个中国学生常常一起讨论学习，聊天，有时甚至因看法不一发生争吵，几回都不欢而散。学问上虽然见解各异，但是关系却还是异常要好。阎德润也要去日本了，有一次他对侯宗濂说："我就要去你的京都帝国大学了，你看要我帮什么忙带些什么吗？"

侯宗濂笑着告诉他："京都大学的好东西太多了，

你不可能全带回来，但是你一定要带回一个用高科研武装的头脑，这个就是给我最好的礼物了。"

侯宗濂在学术上钻之弥深，就越发现自己不熟悉的领域还有很多。随着医院规模的日渐扩大，送到医院的病人的病状也千姿百态，并非是在自己的进修中都接触过的，因此他对学问的认识随着职称级别的提升却有些害怕了，学问在他看来真的是"仰之弥高，钻之弥深"。

不久，一封北京来信打破了侯宗濂平静而紧张的生活。林可胜先生从北京协和医学院发来信函，在信中，林先生再次邀请他共同致力于中国卫生生理学科的创建工作。林先生引用孙先生总理的遗嘱说："我国卫生生理学科还是空白，同志仍需努力，革命尚未成功。……"其词恳恳，其情殷殷，不由让侯宗濂心中一热。

当时协和的中国生理学科白手起家，1922年，协和医学院的外籍教员发起成立了"中国实验生物医学会北平分会"（The Society of Experimental Biology and Medicine, Peiping Branch），在该校任职的部分中国教员也参加了该会组织的学术活动。以后，一些留学回国的学者认为，应当成立中国自己的学会，把中国生理学事业发展起来。于是，在1926年的2月27日，由刚回国的林可胜提议，吴宪附议，中国生理学会在北京协和医学院生理系宣告正式成立，林可胜被选为第一届会长。林可胜励精图治，让北京协和成为当时中国生理学研究的中心。在他领导的生理科拥有倪章祺、侯祥川、德裔犹太人倪哲尔、沈隽淇、张锡钧等专家学者。

面对林可胜的拳拳爱国心，回国刚安定下来的侯宗濂再一次深为感动，于是他回复林先生："上次东京一晤，甚为感慨，先生于中国生理医学拳拳深意足以感天动地。那天抵掌相约，共为国家开筚路蓝缕之功，岂能食言？因回国不久，冗事延宕，一时无暇分身，今见兄之来函，倡议扩大学会，邀我共同筹划，自当为兄分忧，共同担当。"

于是，侯宗濂主动申请加入由林可胜先生刚刚创建的中国生理学会，并且担任了中国生理学会的理事，不久，又被协和医学院聘为兼职教授。这个兼职可不是兼而不管的，侯宗濂向久野说明林可胜的盛情，征得业师的同意以后，1928年，他还亲自到北京协和医院坐诊达半年之久。

1928年6月4日，"皇姑屯"事件爆发，日本关东军在沈阳附近皇姑屯火车站炸死了奉系军阀首领张作霖。张作霖本是日本先前极力扶持的"东北王"，如今却因抵制日本的野心而死于非命，当侯宗濂在报纸上看到这个消息，感觉非常震惊，迟迟说不出话来。他想到曾经一起打过乒乓球的那个年轻小伙子，似乎感到日本人已经越来越不满足于目前在东北的势力了,他们的手从此越伸越长了。

20世纪30年代前后是世界形势发生重大转换的几年,日本首相田中义一于1927年7月25日抛出了臭名昭著的《田中奏折》,确立了以满蒙为侵略扩张基地的战略。扬言"唯欲征服支那,必先征服满蒙。如欲征服世界,必先征服支那。倘支那完全可被我国征服,则其他如小中亚细亚及印度南洋等,异服之民族必畏我敬我而降于我,是世界知东亚为我国之东亚,永不敢向我侵犯"。

1929年,由美国开始席卷全球的金融危机沉重打击了欧洲列强,世界陷入一派肃杀萧条之中,日本也受到严重打击。为了转嫁国内矛盾,日本则进一步在沈阳巩固扩张自己的实力。不久,蒋介石领导的北伐胜利进军,已经统一了大半个中国,在沈阳的张学良在国仇家恨面前,毅然于该年年底宣布"东北易帜",宣告服从南京国民政府,日本在东三省的野心受到了一次重大的挫折。

在这样的大背景下,侯宗濂又决定赴奥地利因斯布鲁克大学继续深造,这又将是他人生学术生涯的重要里程碑。

第四章 继续深造 飞赴德奥炉火纯青

去德奥留学，是当时日本各大学的惯例。众所周知，日德关系在20世纪30年代是非常友好的。两国都属于新兴的世界强国，有着非同一般的默契。并且因为"一战"德奥是战败国，战后为了发展经济，两国竞相制定优惠政策，以图振兴，因此在对海外留学人员的待遇上加大了扶持力度，使得留学生留学阶段的生活负担较轻，所以日本医科学校一般都喜欢把学生送到这里学习。只是以后，这种合作默契最终把它们带入了第二次世界大战的不归路。

奥地利当时的人口大约500多万，一直深受德国强大的政治文化影响，奥地利的医学当时就位于世界的前列。1928年获诺贝尔化学奖的温道斯曾经在1913—1915年任奥地利因斯布鲁克大学应用医学化学教授，汉斯·费歇尔也曾在该校医学系任教，就在侯宗濂前往奥地利的1930年，诺贝尔医学奖依然颁给了奥国出生的医学博士兰德斯坦,以鼓励他在现代血型系统确立上的突出贡献。

侯宗濂就读的因斯布鲁克大学位于因斯布鲁克市。因斯布鲁克原意为莱茵河上的桥,这是奥地利国的第五大城市,位于该国的西南部,创建于1239年,是一座位于美丽的阿尔卑斯山山麓的城市,也是著名的滑雪胜地。

侯宗濂是在1930年3月到的因斯布鲁克,这里的山风已呼呼作响,这里的冬季异常寒冷。

因斯布鲁克大学于1669年10月15日由神圣罗马帝国皇帝利奥波德一世开办,医学系是其最古老和最著名的院系。2004年以后,这个医学系独立为因斯布鲁克医科大学。

侯宗濂在这里的生活时间虽然不长,但却是美好而令人怀念的。刚到学校,侯宗濂就被安排在生理教研室进修,这里的科研气氛很浓。侯宗濂在给好友杨永年的信中说:"初到这里,感觉和我国,还有日本差别很大。这里的风景别致而新鲜,姑娘也很大胆,欧洲人看来不像日本人那么刻板教条,在实验室中,他们表现得随意而又散漫,但是对科研的要求却并不是这样的松散表现。"

由于欧洲中心论在奥地利相当浓厚,因此中国人在学校也受到某种歧视,这主要是精神领域的。有位老师非常苛刻,尤其不喜欢黄种的东方人,当与侯宗濂见面

第四章　继续深造　飞赴德奥炉火纯青

的时候，这位老师对侯宗濂说："听说你很优秀，我还以为你是日本人，原来并非如此。"侯先生直接而有礼貌地回应他："您这种对比让我感觉很不愉快，日本人是非常优秀的，但是中国人也很棒。据说您博学多闻，应该知道我国的华佗吧，他很早就已经会做外科麻醉手术了。"

一席笑话让这位老师瞠目结舌。

这位老师很不服气这次谈话挫败，于是为了试验侯宗濂，找出了一篇旧时的论文，这是以前毕业的一名日本学长在重要杂志上发表的文章，他要求侯宗濂看看其中还有什么问题，并且语带讥讽地说要是侯宗濂发现不了的话，就请老师直接指出为好。这是一个很艰深的题目，属于侯宗濂以前并不熟悉的领域，但是为了赢得老师的尊重，他丝毫不服输，只是告诉老师他需要两天时间来研究一下，老师不屑地说："我给你一个礼拜吧，一个礼拜弄出来就很不错了。"

当天晚上回到屋里，侯宗濂立刻仔细研读文献，翻阅相关专业书籍。第三天一大早，他就找到老师告诉了他这篇文章的问题所在。这个老师听了他的陈述，顿时目瞪口呆，吃惊地问："你是如何搞出来的？"侯宗濂回答他："说实话，我是一个晚上没睡觉弄出来的，我这个人从不迷信权威，也从不曾对别人已经做过的东西失去研究的兴趣，成绩往往是在别人看不到的地方取得的，您让我很好地认识了这一点，谢谢您。"老师尴尬地笑了，迟疑了片刻，伸出手诚恳地说："侯先生，我向你真诚地道歉，看来如你所说，你们中国人的确也很棒。"

在医科部实验室里，有着不少的同事。侯宗濂刚来此地，干的活是比较低层次的。有一天，一个负责老师扔给侯宗濂一项设计图纸，要他照此设计图纸准备实验，侯宗濂仔细看后，觉得这个设计是不科学的，也很不严谨，于是找到这个老师当面向他提出修改意见。结果这个老师见侯宗濂年轻，初来乍到，竟然敢对他的方案提出异议，于是很生气地说："你懂什么，就应该是这样的，赶紧去做。"侯先生本要与他争辩几句，但见他颇有些不屑的表情，于是只好止住了。

侯先生越想越气，他又仔细研读了原方案，还是觉得存在缺陷，于是坚持按自己的思路重新做了新的实验设计。这是利用假期，侯宗濂一个人泡在实验室里完成的，过了几天上班，当这位老师看到由此推导出的实验结果，很是错愕，但是等他明白了实情，还是很有风度地很快拍拍侯宗濂的肩膀说："侯，是我固执了，看来你才是对的。"

侯宗濂也笑笑道："坚持己见有时也是科学研究的真理之一。"下班以后，这位老师约他一起吃饭，因为

第四章 继续深造 飞赴德奥炉火纯青

襟怀坦白，两人很快成为无话不谈的好朋友。

新年就要到了，侯宗濂却感到很是烦恼，因为他在这里的科研迟迟没有突破，实验预想和所获取数据的差别很大，指导老师也找不出原因所在。

大家伙儿都上街庆祝新年去了，侯宗濂却还独自在想着数据上的问题。实验室的空气很沉闷，趴在实验桌上累了，他就在办公室里踱会儿步，想来想去却没有丝毫的头绪。一会儿，导师打电话找他，听出他声音沙哑，关心地说道："侯，别这样辛苦了，过新年了，出去活动一下，别闷着。我喜欢喝你们中国茶，有助于思考的，你也不妨试试。"侯宗濂挂断电话，觉得自己确实很疲倦，的确是该换换脑子了。于是，他从抽屉里取出茶叶泡茶喝，这是林可胜教授在协和医学院的时候送给他的家乡的西湖龙井。来奥国的时候，他请林先生帮忙，专门给导师也带了一盒，自己留了一盒。他手上虽然漫不经心地泡茶，脑子里却还是在想着实验问题的事，就在他把水倒进杯子的时候，忽然愣了一下，突然像有新发现似地叫了起来："我明白了。"

他赶紧转身拿起实验台上盛放过试剂的乳钵，检验起来，他紧蹙着眉头，像在寻找着什么，不一会儿，看起来整个人舒展轻松了许多。问题找到了，原来试验用的乳钵平时是一些学生来帮忙擦洗的，有个学生不慎在擦洗中留下了洗涤液中的些微硫酸，从而影响了实验数据。明白了问题所在，侯宗濂立马重新设计实验程序，结果果然正如所料。经过这件事，侯先生认识到："这次问题证明试验必须认认真真，亲自来做，科学工作来不得半点的马虎，研究结论不能建立在空想的或者二手的数据之上。"

早在1910年的时候，法国生理学家拉皮克（Lapicque）首先提出时值的概念并做了相关的科学研究。他强调时值乃是组织兴奋性的尺度，例如用各种形式电刺激在同一组织上所测定的基强度有很大的差异，而时值则完全相同，各种组织在不同条件下，因电阻的不同，基强度也会有颇大的差异，但时值甚为稳定。从此，时值一直被认为是固定标准的学术坐标，20多年来，一直无人撼动拉皮克的学术地位。但是侯宗濂在大量实验的基础上越来越感觉到这一问题有继续研究的必要，现在，既然实验室有很好的科研条件，那就要做起来，于是他下了很大的功夫在这个领域。当时实验室不少人知道他在搞这个东西，大家都很吃惊，一位好心的同事劝他："你还是别对这个问题太用心了，这是一个无用功，不少人都试过，但最终都放弃了，因为拉皮克已经给出了完美而明确的答案。"

但是侯宗濂似乎不撞南墙不回头，他回答："谢谢您的好心，但是我个人认为，完美是不可能的，拉氏的答案是肯定存在缺陷的。"别人看他如此固执，也只能摇摇头由他去。

当侯宗濂把想法告诉导师布吕克（Bruecke）的时候，唯有导师很支持他这一研究方向，并且为此把他单独叫到办公室，私底下嘱咐说："侯，不要迷信权威，要有勇气打破条条框框，但要讲求数据，我知道你是日本久野宁教授的得意弟子，时值这个问题我个人接触也不多，但直觉告诉我你是对的。你不妨试试，不要轻言放弃，约定俗成的东西不一定不可推翻。"

侯宗濂很感激导师的支持，但是他对直觉的说法有些奇怪地问道："直觉，教授，您在科学这个问题上相信自己的直觉？"

布吕克说："我知道直觉会成为科学实验的最大障碍，但是你最终会明白直觉有时也可能成为科学进步的主要推动力。"

侯宗濂的信念更为坚定了，他确定目标后，下大力气查找了不少论文，并且认认真真地干起来。

布吕克教授与以前的老师不同，他只是关心侯宗濂的生活起居，但是对于这名学生的研究进展却不置可否，只是帮助他处理日常的各种行政事务。布吕克教授也很少找侯宗濂谈话，而是一个礼拜给侯宗濂的实验室打一个电话，对于侯宗濂正在钻研的课题一向避而不谈，只是要求侯宗濂向他汇报一下饮食起居的问题、给他推荐什么书，再问一下侯宗濂看了什么书之类的。

侯宗濂开始很不习惯这种"琐碎"做法，一次趁着见面的机会，委婉地表达了这个教学方法的问题，布吕克教授笑着告诉他："侯先生，你已经是一个专门领域的专家了，虽然在这里也许还是个小辈，但是超过老师这是很正常的事情。我从不计较这个面子问题，你们伟大的思想家孔子不是也说过'三人行，必有我师'嘛。好好做，你就会做得很棒，有一天也许会成为我的导师的。"

侯宗濂思考这个问题很久了，在实验室里，他亲自进行每一个环节的操作，对于实验的数据记录也做得更为细致，几个月下来，他尝试撰写了"在麻醉、冷冻和黎芦素作用下强度—时间曲线之变化"的论文，并做了多次的修改，最后才打电话给布吕克教授。

一个星期以后，布吕克教授让一名助手把论文稿送到了侯宗濂手里，但是上面干干净净，一个字也没有改动过，侯宗濂不知道这是什么意思，颇有些忐忑不安，这名助手告诉他，导师让他打个电话。

侯宗濂于是赶紧给布吕克教授去电，电话那头，老师看来很平静地说："你的文章我推荐就放到德国《生理学杂志》上这期发表，昨天，编辑部的人提出必须

第四章 继续深造 飞赴德奥炉火纯青

是教授的人才可以发,我告诉他们,侯宗濂先生就是真正的教授,他们如果需要职称证明的话,我亲自到学校给开。"

侯宗濂顿时大脑一片空白,半晌才缓过神来。他清楚《生理学杂志》是德国医学界最高级别的杂志,只有知名学者和学术权威,并且必须是教授职称的专家才可以在上面发表文章,而自己却还是讲师,而且这件事情没有一丝征兆,快得太意外了。他又看看自己手中的论文,小心地问:"老师,您说的是我的这篇文章吗?"布吕克教授在电话那头回应:"我肯定说的你的,我看了,而且你也不用再做什么修改了,现在做的已经很棒,你只需要按着你的思路继续钻研这个问题就好,发文章的事,我会给你办好的。"

布吕克教授的关心让侯宗濂有些诚惶诚恐,因为实验室的同事很早就告诉过他,教授是一个很严谨的人,平时像个"甩手掌柜",但对学生发表文章卡得却很严厉,丝毫没有通融的余地,因此这里的学生常常很难毕业。对侯宗濂的论文,却让他打破了这个传统。

一个月后,侯宗濂的这篇文章果然完整地发在了《生理学杂志》上,署名作者是侯宗濂教授。这件事很快在院系传开了,不少同事都觉得太有些不可思议了,侯宗濂一下成了焦点人物。很多老教授都非常震惊,要求把他的这篇文章拿去看看,甚至有人打电话给布吕克教授询问这件事的原委。据说布吕克教授的答复简单而有力:"侯先生的论文的确做得很棒,有极高的科学性,虽然他不是教授,但我们要不拘一格,想想我们伟大的祖国不就是因为破格使用人才才有今日的强大吗?"这件事后来在学校中也传为美谈。

由于侯宗濂一心扑在研究中,并且表现相当出色。一部分本来看不起中国学生的老师和同事也改变了对中国的看法,后来都主动和他搭话,并且邀请侯宗濂去家中做客,一些人也成了侯宗濂终生难忘的朋友。

1931年3月,侯先生得以被推荐去德意志共和国的莱比锡大学继续进修。

侯宗濂首先在格德梅斯特(Gildemaeister)教授指导下进行科研工作。

侯宗濂就读的莱比锡大学创立于1409年,是欧洲最古老的大学之一,1953年至1991年期间,这所学校曾改名为"莱比锡卡尔·马克思大学"。其著名校友有中国近现代著名学者、思想家蔡元培、辜鸿铭、周培源、林语堂等,其中辜鸿铭在这里是土木工程系的学生,最终获得的却是哲学博士学位。还有读法学和诗歌学专业的作家歌德,读表演专业的德国宗教改革的激进派领袖、农民战争领袖托马斯·闵采尔,读经典语言学专业

第四章 继续深造 飞赴德奥炉火纯青

的哲学家尼采，读法学专业的德国作曲家和钢琴家舒曼等，德国历史上的首位女总理安格拉·默克尔，也曾经在 1973—1978 年就读于该校的物理学专业。

与侯宗濂大致同一时期在校的有美国伟大的"氢弹之父"爱德华·泰勒，他于 1928—1930 年就读该校理论物理学专业。侯宗濂选择的医学专业最早成立于 1415 年，一直都是莱比锡大学最知名的学科。侯宗濂当时选择莱比锡大学的原因，可能和他的医学兴趣方向有关，1879 年前后，德国生理学家威廉·冯特就任莱比锡大学哲学教授时建立了人类第一个心理实验室，这标志着现代心理学的开端。侯宗濂这时候心里有一个宏大的目标，他希望能够把医学和心理学有机结合起来，给中国的医学带来一些崭新的气象，因此慕名来到了这块充满革新气息的学术阵地。

侯宗濂到来的时候，正是莱比锡大学风头正健的时期。该校作为右翼保守主义思想色彩浓厚的主要基地，学生的政治热情超乎寻常的高涨，就在侯宗濂甫来的那一年，莱比锡大学的国家社会主义（纳粹）学生组织赢得了大学学生组织的选举。没过多久，当第三帝国的元首希特勒带领纳粹政党参加议会选举时，有超过 100 名该校的教授联名拥护希特勒上台。

侯宗濂在莱比锡的时光只有半年，但这种短暂对他而言却是宝贵的。他时常傍晚行走在莱比锡的街头，该城在1701年就已经安装了明亮的路灯，侯宗濂在研究之余也出入当地的教堂，进行祷告活动，也曾被医学科的朋友拉去奥尔巴赫地下室酒馆享受一段逝去的历史时光。奥尔巴赫酒吧与歌德有着千丝万缕的联系，歌德曾把它写入了著名剧本《浮士德（Faust）》里面，侯宗濂在大学时代很喜欢歌德，因此他在这里购买了德文版的《少年维特之烦恼》，当朋友问他为何要购买这本书，侯宗濂说："我还是希望自己是个少年，也拥有维特一样的烦恼。"逗得随行的同学哈哈大笑。

莱比锡很美，有一种优雅的闲致，这里的河谷森林（Leipzigs Auenwald）是一处美丽的公园及河谷风景区，由北向南纵贯整个城市，侯宗濂时常从北走到南，再走回去，这样可以锻炼脚力，也是他思考学问的习惯，以致这里的人们经常看见一个中国人缓缓地走着，西装革履，戴着眼镜，很瘦很高的样子，低着头，总是一声不吭的状态。

侯宗濂虽然早就听说德国人的各种优秀品质，但是以前没有近距离地感触到这些，这次来德国学习，德国人对待事情的严谨认真无疑给侯宗濂很大的震动，在这里，耳濡目染，进一步锻铸养成了他后来一丝不苟的科学精神。

第四章 继续深造 飞赴德奥炉火纯青

侯宗濂在给阎德润的信中说道:"我实验室里面的德国同事比较礼貌,但是并不是热情的,大家都各忙各的,只是一起吃中饭的时候简单聊几句,他们很尊敬我。我在这里的访问学习,依然保持着兢兢业业的作风。导师格德梅斯特教授对中国很有感情,他知道不少关于孔子、长城、秦始皇的事情,甚至还知道张仲景和华佗,这一点让我也充满好奇。"

一次导师和侯宗濂聊起中国的医学,他还说到了华佗,看得出来,他很羡慕地说:"你们的华佗很棒,在麻醉上有研究,能够刮骨疗毒。这令人吃惊,你看你能够达到这样的境界吗?"

侯宗濂哈哈大笑说:"可惜华佗的研究没有继承下来,不然我就不会来见教授您了。但是既然你们相信中国麻醉的神奇,我希望我能够好好跟您钻研,至少现在,你们德国人的医学科技更为神奇,我既然是您所知道的华佗的后人,那就请您帮助我继续在这个方向努力吧。"

美好而光辉的岁月总是过得很快,到1931年的秋天,侯宗濂在德国的进修就要结束了。即将回国的前夕,导师和实验室的同事都相约在莱比锡的"战胜拿破仑纪念碑"前合影。这座纪念碑是莱比锡著名建筑之一,正式名称为"民族大战纪念碑",是为纪念在大胜拿破仑军队的莱比锡战役中阵亡的联军士兵而建的。碑高91米,全部由大块花岗石砌成,碑的外表饰有巨大的人像浮雕。侯宗濂和大家一起顺着50级石梯盘旋而上,俯瞰着自己生活了半年左右的莱比锡城。

格德梅斯特教授突然对爬得满头大汗的侯宗濂说:"我听说,你们中国有一位诗人有句诗歌:'欲穷千里目,更上一层楼',不知道是什么意思?"

侯宗濂沉思了一会儿,笑着回答:"其实这句话正如牛顿所言的,我站得高,是因为我站在巨人的肩膀上。大概都是一个道理。"导师很感慨地说:"侯,你说得对,医学就是这样子,你想超越,就要首先懂得站在别人的肩膀上学习。"

侯宗濂点点头,也反问一句:"那您听过我们另一位诗人的诗'不识庐山真面目,只缘身在此山中'吗?"

导师耸耸肩,迷惑地摇着头。侯宗濂随即自问自答地说:"这是另一种学术境界,具体到医学而言,那就是要求我们科研上不能执迷于一点,而要有时跳出去,拉出来,站在不同的变化的角度去观察实践,才可以取得突破。"格德梅斯特教授若有所思,上前拍了拍侯宗濂的肩膀说:"你们中国的古代圣贤太可怕,说得太有哲理了。我很希望有机会能够去你的国家看一看。"

在告别宴会上,侯宗濂做了答谢词,他对格德梅斯特教授表示了真诚的感谢,并且感谢了一起工作和学习

第四章 继续深造 飞赴德奥炉火纯青

的诸位同事。他说:"诸位,莱比锡是一个美丽的城市,莱比锡大学是一个一流的大学,这不仅仅是因为它拥有迷人的风光,而是因为这里有着良好的学术风气,拥有着很多愿意为科学真理孜孜不倦、勇于探索、乐于献身的人们,我能够来到这里,和大家一起工作学习感到很开心。主要是因为在这里我学到了如何思考,如何认真地生活。德国无疑是一个伟大的国度,它拥有无数的为了人类而工作的科学家、哲学家以及思想家。只有你走近它,才会被它所深深吸引,这如同我们所献身的医学,总是有无法解释的事情发生。今天很遗憾,要离开莱比锡了,我在想,离开它真如同离开一个伟大的正在思考的灵魂,让人依依不舍。我要回国了,那就是回到我的祖国中国。诸位可能对我的国家还比较陌生,因为很多人一开始认识我,都把我们看作来自于日本,这令我感到很汗颜,也有些微的尴尬,但这种看法却明确地说明了我的祖国在国际上的真实地位。记得小时候,我立志学习医学,是因为不喜欢听到别人说我们是'东亚病夫',痛心于我的弟弟妹妹和一位尊敬的长辈因为疾病所受到的伤害,那个词语非常刺耳,那些伤害常常让我不能入睡。后来渐渐明白了,你不喜欢听,但是别人不会因为你不喜欢而不再说,如果想让别人不再使用这个难堪的称呼,不再让更多的人受到疾病的伤害,那首先是自己要站起来去掉疾病，成为健康的国民。我很高兴在这里的学习得到了同事们的真诚帮助，看到了德国人民的热情，你们严谨认真、一丝不苟的精神给了我很多的启迪，我相信，在这里的学习必定不是终点，它只是我人生的一个崭新的起点，很想念能够在莱比锡大学先进的实验室里做实验，再一次听到同事老师们美好动听的德语，我真希望有机会再来德国，和各位尊敬的同事一起喝咖啡，一起为真正的科学真理而不懈努力。要回国了，要离开莱比锡了，很有些不舍，很多东西都无法带走了，但是我一定会把这份深重的情谊带走，一定会把诸位老师和同事的严谨认真做人为学的风格带走，带回我那个多灾多难的祖国。"

侯宗濂的演说充满深情，赢得了现场经久不息的掌声，导师眼含热泪上前拥抱了他，并大声地告诉他："侯先生，你很了不起，也很真实纯粹。"

第五章　爱国情怀　愤离南满任教北平

这次从德国回来不久，侯宗濂就被满洲医科大学聘为副教授，正当侯宗濂准备在母校施展才华的时候，却日益感觉到一种浓重的不祥的政治气氛向自己袭来了。

1931年5月，中国和朝鲜的农民在长春附近的万宝山发生激烈冲突，造成多人死伤。在日本的煽动下，朝鲜人的反华情绪爆发，数千愤怒的朝鲜民众冲入平壤的华人街，对中国侨民进行烧、杀、抢，造成数百中国侨民死伤的悲惨事件，这一年，中日的外交龃龉也日渐增多了。

本来满洲医科大学就有严重的军国主义情绪，随着日本在世界性经济海啸下的日益右倾，教育界也成为军国主义狂热分子亟亟染指的所在了。

自己的母校南满医学堂在逐渐成为日本殖民者的医疗中心，学校这个时候开始尝试用生物活体做解剖实验。这件事本来很机密，但天下不会有不透风的墙，关于人体解剖的秘密,一直在学校中国学生中私下流传。当时,一些日本兵开始住进学校,每晚这些日本宪兵先把实验楼围住然后才开始实验,每每惨叫声传出很远。一位中国研究生有一夜误留在二楼,半夜的惊叫令他毛骨悚然,第二天他把这个秘密偷偷告诉了其他人,让大家远离那个楼。

侯宗濂归国不久,也风闻了这样的事情,开始他并不相信。但是有一天,他在路上遇到当事人,因为都是中国人,加之侯宗濂一直在学生中有良好的口碑,因此这名学生也把这件事告诉了侯宗濂。这是侯宗濂第一次听具体的讲述,他发现了学生脸上流露出的可怕神情。

有一天侯宗濂在做实验,需要用研磨过的带着病毒的豚鼠肺。这样的工作每次大约需要半小时,在研磨过程中也有被感染到的可能,过去都是由经验丰富的日本助手帮忙的。但是侯宗濂发现现在这些助手全部是中国人,而且他们似乎都没有经过严格的培训,为这件事,侯宗濂和久野教授还吵了一通。

这一天,侯宗濂突然收到了来自北平大学医学院的邀请函,邀请他到该校医科系生理实验室工作。

北医创建于1912年(中华民国元年)10月26日,初创时的名称叫国立北京医学专门学校。教育部以价银1万两购买了已经停办的大清医学馆馆舍,划拨给国立

第五章 爱国情怀 愤离南满任教北平

北京医学专门学校使用，10月16日，中华民国教育部任命组织学教授汤尔和先生为北京医学专门学校校长，并于10月26日颁发了校章。初创时期，教职工只有9人，首批学生招了72个。这是中华民国政府教育部依靠中国自己的力量开办的第一所专门传授西方医学的国立学校。它的开办，标志着中国的医学教育进入了一个新的历史阶段。汤尔和在开学典礼上以"促进社会文化，促进文明，减少人们痛苦，用学术来和列强竞争"定位学校之办学目的。

学校初创时，条件极为简陋。据档案资料记载："元年10月，领到开办费800元，元年年度经费定为44655.30元。"该校第二期毕业生鲍鉴清在回忆学校初建时所写的纪念文章中说："当时学校有旧屋数十间，旧显微镜一架，中国旧医学书数十种。"困难情况由此可见一斑。直至1929年5月，南京政府教育部公布了《大学组织法》，据此，北平大学医科系拟定了自己的《组织规程》，对学校的行政和教学制度做了较大的改变。《规程》规定，北平大学医学院以研究高深学术、培养医学专门人才为宗旨。这较之北京医学专门学校时期增加了"研究高深学术"一条。

北京大学医学院因为自主起家，各方面都很欠缺，因此和满洲医科大学明显有着很大的差距，这既包括实验条件，也包含教师的福利待遇。侯宗濂见来函其情殷殷，其词恳恳，深感盛情难却，但是自己刚刚回到母校，内心深处觉得这些年的学习进修都离不开母校的支持，加之自己的导师久野宁教授对自己颇寄予厚望，精尖的研究领域正需要良好的设备条件才能展开，如果去了北平大学医学院，那可真算是重新开始，筚路蓝缕了。所以还有些犹豫地回了一封信，婉拒了学校的邀请。

不久，实验室里亲中的教授冈田被学校解除了职务。冈田和侯宗濂要好，平时也非常能干，他的被解职，大家都感到非常突兀；学校给出的原因仅仅是"他对帝国的中国问题漠不关心"。得知消息以后，所谓的"帝国的中国问题"在满洲医科大学里遂成为一个热点。学校明确在师生中提出"在教育之外，必须经常注意国运之发展和国权之扩张"。

母校的这一切变化，让侯宗濂陷入一阵阵矛盾与痛苦之中。正在侯宗濂对何去何从踌躇未决之际，恍如一声惊雷，沈阳发生了震惊中外的"九一八事变"，1931年9月18日傍晚，日本关东军向中国沈阳军队驻地北大营发起突然进攻。由于当时的东北军统帅张学良执行国民政府的不抵抗命令，北大营逾万名守军被只有500多人的日军击溃。当晚日军便攻占北大营，并在次日就占领了整个沈阳城。

第五章 爱国情怀 愤离南满任教北平

当晚,侯宗濂是在朋友家中聚会时被隆隆的炮声惊扰的。开始大家还不知道是怎么回事,但是街头传来的消息说日本人突然开火了,侯宗濂觉得很奇怪,等确切消息传来,他的心一下子变得空起来。一位同学愤恨地说:"怪不得总说中日关系紧张,看来日本方面还是人心不足蛇吞象,胃口大着呢,我们这样下去不就成了与狼共舞了,做汉奸,我不干!"

日本彻底撕掉了中日在沈阳表面合作的格局,抛弃了代理人政策,而是亲自出马饥不择食地攫取中国利益了。第二天,满洲医科大学即实行了严格的军管,门口站满了荷枪实弹的日本宪兵,进出都要审查证件。侯宗濂虽然懂得满洲医科大学毕竟是日本人的地盘,主要骨干全是日本方面的专家,虽然发生了战争,但是这里不会有什么大的事情,对他而言自然不会造成生命危险,但从中国人的感情而言,这件事确是万不能容忍的。

阎德润在学校里悄悄告诉他,"九一八"事变是日本军方蓄谋已久的行动,而并非偶然事件,侯宗濂万分悲愤,他当天回到家就执笔写了一封罢课信,言辞激烈地批评日本侵略沈阳的野蛮行为,并且在信中明确要求日本军队撤回去。

其文说:"中日两国一直一衣带水,邻国相睦,日本友好人士多在我国生活,给我邦带入科技与崭新生活,因此明智之士多赞服不已。而昨日国狂热军方发动破坏行动,实在有损日国君子政治形象,对致力中日友好的人造成了莫大之伤害。强请能够给予合理解释,并停止一切野蛮的侵略行径。军管只能是法西斯主义,法西斯主义是肮脏和不人道的,我以为,以文明现代之日国,应不忍为,不可为。"

侯宗濂找到自己敬爱的久野教授,向他陈述,希望他把自己的意见反馈到军部。久野教授听完自己这个得意门生的话,缓缓摘下眼镜,对他说:"侯,这都是那些野心家的事情。我国国内现在有些好战主义分子,想把我国和贵国一起拖入战争,这样只会带来万劫不复的后果。我很抱歉他们的这种侵略行为,但是作为一名医生,实在是无能为力,请你相信,我和你的感受是一样的。我也明白并坚信,破坏别人家园的人终究会被这里的人民赶走,但是我不得不说,昨日的事件也许是你们的政府太无能了,所以我还不知道什么时候才会出现我所希望的那种结果。我能理解你的感受,但是这里毕竟是医院,是救死扶伤的地方,你不能这样就断然停止工作。那样的话,只能是亲者痛,仇者快,而且用一人之力对抗强大的政治,可能也得不偿失。"侯宗濂回答道:"久野先生,我知道你是一名正直的日本学者,我非常明白你现在的尴尬处境,但是你们国家做出如此愚蠢的

第五章 爱国情怀 愤离南满任教北平

行为让我感到非常失望。我明白个人力量是弱小的,用一己之力对抗强权似乎还有些螳臂当车的讽刺,但是作为有着良心的中国人,我不能不谴责自己的某种侥幸心理。我是个医生,不是军人,可以用自己的爱国方式表达自己的态度,那只有用辞职以示对你们国家野蛮行径的抗议。"

久野教授惊呆了,半天没有说话,然后很惋惜地说:"侯先生,我很意外,你先冷静想想,有这个必要吗?辞职只是懦夫的行为,你不能这样做,我需要你认真工作。你要明白,这不仅是我的需要,这也是你自己的利益所在。医学是纯粹的,我也不想让它变得泛政治化。所以对于这样的事件,我只能说我很抱歉。"

侯宗濂明白久野是非常诚恳的,但是他已经知道日本帝国在满洲医科大学正在做的一些见不得人的事情,他平静地说:"先生,我原来也认为医学是纯粹的,但是很遗憾,我们学校现在的种种动向让人对这一理念产生了怀疑,您难道没有发现军方已经开始强制接收这所学校吗?我和你不同,我是一名中国人。我不能让别人指着脊背骂我是汉奸,那是对我人格的最大的羞辱。"

久野生气地说:"气节真的这么重要,需要你用科研和自身的利益交换吗?"

他继而遗憾地说:"我知道北平大学那边的医院正

在聘请你，但是他们的科研条件你是知道的，你是个人才，不能在那样的环境下从事科学工作，那是对人才的埋没。"

侯宗濂苦笑着道："我的老师，我们中国有句话：'倾巢之下，岂有完卵。'到那里，条件是差，但是那里会让我心安理得，而留在这里，只能让我于心不安。我想你明白的，这就是我们中国人最为看重的东西。"

久野教授和同事后来还曾多次诚恳挽留，但是侯宗濂还是意志坚定地要离开。

这几年他一直很少回家，弟弟来信说父亲的身体已经很虚弱了，这段日子已经不能支持。家中为此几次发来电报，言辞中对他这个长兄不免有些责备之意。接到家书，他真有锥心剧痛之感。"九一八事变"以后，一时人心混乱，于是趁这个机会，侯宗濂决定回家探望一下卧病在床的父亲。

侯治平前几年已经卧病不起了，现在已经是油尽灯枯的最后岁月，几次托家里人去信希望侯宗濂回家，名为相见，实有托付后事之意。这次见侯宗濂回家，自然精神头好了不少，大家围坐在热腾腾的炕上，问东问西，侯宗濂看到父亲苍老得已不成样子，也非常伤感地掉眼泪。

侯治平挣扎着力气告诉他："日本人已经占领了沈阳，孩子，你也知道我为何给你起这个名字。"

第五章 爱国情怀 愤离南满任教北平

侯宗濂点头应道:"是希望我能够成才,具备出淤泥而不染的品质。"

侯治平艰难地赞许了他,又说:"你还是不要在这个医院待了,免得别人闲话。"

侯宗濂点头答应着,给父亲宽慰:"北平那边邀我过去帮忙,我已经答应了,我不会给咱侯家丢脸的。"

侯治平说:"这我就放心了。"

第二天早晨,侯治平就去世了。侯宗濂埋葬了父亲。在家里守了几天的孝,料理完后事,又重新回到了沈阳。

沈阳的混乱局面似乎已经平静下来,日本军方已基本控制了这里的局势。侯宗濂只得闷在家里不去上班,久野急匆匆来找他,告诉他,学校已经决定把他聘为教授,并且让他来主持生理实验室的日常工作,请他不要为军事政局而离开。侯宗濂看着尊敬的老师为他如此奔走,而今要分别了,颇有些难过,上前拥抱了老师说:"很抱歉,我知道您为我的事情努力了。您是一位令人尊敬的长者,今天也许是我们最后一次见面了,我已经购买了车票,明天就要出发前往北平了。希望我们以后不会成为敌人,而是能在科学领域时常看到您的身影。"

久野教授刚进屋时的兴奋消失了,但是一会儿就保持了君子的风度,只得对他说:"我很遗憾,侯先生,不能和你一起在这里工作了。那我在这里也就没有什么意思了，这里也没有什么值得留恋的，我也准备辞职回国，那边的亲人肯定很想念我。"

离开沈阳，对侯宗濂而言，无疑是一个痛苦的决定，这里毕竟是自己的故乡，有着自己已经去世的父母亲和家人，还有培养他关怀他的老师和不少热心的同事。但是，满洲医科大学开始日益强化的军事化管制让他感到一种邪恶力量对自己的一步步侵蚀，于是，他还是决定离开这块是非之地。

侯宗濂乘火车抵达北平以后，就到北平大学医学院报到，这对该校无疑是一种"雪中送炭"的行为。

这一时期，北平大学医学院的教职员较以前已经明显增加。据1933年度的统计，全院职员80人，教员80人，学生152人（其中本科生133人，护士助产专修科19人）。80名教员中，有教授31名（本校毕业的10名），讲师14名，助教32名，另有翻译1名，军事教官1名，国术指导1名，外籍教员中还有2名德籍讲师。

在这些教师中，有一批在学术上有成就、在国内外有一定影响的学者。他们中有吴祥凤（著名内科学家，孙中山先生病重期间的会诊医生）、鲍鉴清（著名组织胚胎学家）、刘兆霖（著名外科学家）、徐佐夏（我国药理学开拓人）、徐开（著名生物化学家）、杨敷

第五章 爱国情怀 愤离南满任教北平

海(著名微生物学家、热带病学家)、颜守民(我国现代儿科学奠基人之一)、梁铎(著名放射学家,我国放射诊断创始人之一)、林振纲(著名病理学家)、余贺(著名微生物学家,他提出的"风湿热细菌学及变态反应学说"被世界医学界所承认),一时也算群英荟萃。

侯宗濂刚到学校,大家都知道他是因为"九一八"事变从沈阳来的,而且是来自满洲医科大学的大教授,都很钦佩。安顿下来不久,吴祥凤院长来找他,告诉他学校已经决定,新成立的生理实验室由他来担任主任和主教授,并且学校还决定让他担任图书馆的主任馆长。侯宗濂颇有些意外,觉得自己初来乍到,职务似乎太多太重了,他希望自己能够有时间多搞些科研和教学,对行政工作自己的兴趣不是很大。吴祥凤说:"特殊时期,你又是海外的专家,还是要勇挑重担的,能者多劳嘛!"

鉴于北平大学医学院医学生理学人才的极度匮乏,侯宗濂上书建议院里设置生理实验课,并且主动请缨主讲。

这段在北平大学医学院的艰苦岁月,时人有所回忆:"那时侯宗濂在北医的学生眼中是中上个头,体瘦躯梧,讲话东北口音颇重,刚开始上课的时候有些字音同学们还听不习惯,但普遍对从南满来的、留学海外的年轻博士充满着好奇。侯先生的讲课学生认为基本特点是'内容丰富,理论深邃,条理清晰'。"

后来成为著名医疗专家的隋式棠曾经撰文谈到他在北医的时候所认识的侯宗濂：

> 侯宗濂上课总喜欢亲自给学生示范，对于实践课程他做得也很认真，大都亲自动手准备，剖家兔、割鹌鸽，一边操作，一边讲解。诲人不倦的精神，使当时的学生深受鼓舞。即使是在课间休息的时候，学生们也觉得他年龄毕竟相仿，又平易近人，于是常挤到他的书桌前聊天，大家伙儿一起随意地看书查图。侯老师也总是谈笑风生，指指点点地解说，而且话题并不限于医学，有时还聊些时事，侯先生总是论述精辟，那种情形颇有些围炉烹酒、指点江山的味道！

当时的东北三省已经落入日寇之手，华北也正处于日军虎视眈眈之下。1933年3月9日，长城抗战爆发，传奇的第二十九军急行军至长城关隘喜峰口，同日军大战，二十九军选出500精壮勇士组成大刀队，出奇制胜、趁夜突袭敌营。日军猝不及防，被砍死无数，全线溃退，中国军队乘胜追击，一度夺回了喜峰口阵地。

喜峰口战役是长城抗战中国军队取得的最大胜利。当这个消息传来，举国欢腾。有一天上课，侯宗濂就情不自禁微笑地给学生讲述此事。

第五章 爱国情怀 愤离南满任教北平

在那个时代,由于强调师道尊严,一般教师总是喜欢板着脸,照本宣科地谈一些不着边际的理论,学生对这种老师颇有些敬畏。而侯宗濂在学生心目中却是一个迥然不同的样子。

有学生说:"侯宗濂上生理实习课,常能够打破常规,放下教授的架子,时常是和助教老师一起用心辅导学生,并且非常耐心地解答学生的各种问题,总是不厌其烦,而且话语幽默,常常让大家乐不思蜀,三月不知肉味。"

侯老师给学生的印象总是和蔼可亲的,因而大家对侯老师也由尊敬而至敬爱。

侯宗濂非常重视学生的培养工作,而且很有远见。据他的学生追记,毕业前的一个暑期,北医附属医院照例承担了清华大学考生的体检工作,因为只有体检合格,才准这些学生报名。但是那一年由于投考人数接近2000,医院的体检项目繁多,一时忙不过来,学校就在班里找了五六个同学帮忙,担任肺活量、血压、身长、体重、体围等项目的测量工作。侯宗濂闻知,就先把这些学生召集到一起说:"我国科学落后,就医学来说,人体好多数值都是采用外国的标准,你们参加助检,不只是为了服务民众,应该用心统计一些人体数值,为我国人体生理数值积累些材料,对科学做点自己的贡献。"

侯宗濂当时不仅是这样说的，而且当即指导学生如何精密设计、准确测量、统计分析、事后总结。其中的一名学生就认为，虽然当时这种工作微不足道，比较粗糙，但还是为自己将来做好科研工作打下了坚实的基础。

王兆麟曾经于1934—1937年就读于北京医科大学生理学系，他也深情描述过这个时期的侯宗濂是如何教书育人的：

> 北平大学医学院上学时期，生理学是一个学期的课，理论和实验教学配合得很紧凑，上午讲理论，下午做实验。全部理论课由侯老一个人担任，全部教材是侯老编写的。侯老讲课简明扼要，深入浅出，引人入胜；对同学提出的问题总是循循善诱，鼓励同学多问为什么，启发自觉，深受同学们的欢迎。实验课由贾国藩老师担任，实验讲解简明，示教操作巧练，辅导同学耐心，他当时是侯老的得力助手。当时生理实验室的四壁挂着同学们的典型实验记录，当我做的"菊芦素肌肉收缩曲线"张贴后，给我很大的鼓舞和鞭策。深夜了，生理实习室的灯光明亮，同学们仍在紧张地进行实验，直到做出符合要求的实验记录，才离开实验室。由于

第五章 爱国情怀 愤离南满任教北平

侯老以身作则，对同学高标准严要求，生理学的考试成绩普遍得到提高。

侯宗濂因为在生理学系呕心沥血，结果还一度因劳致疾，好几天躺在床上，吃不下饭。可就在这样的情况下，侯宗濂在讲完理论课后，还经常不顾身体地跑到实验室指导学生的实验操作，鼓励学生边做边想，把理论和实验紧密地联系起来，做好实验总结。

但是不得不承认，侯宗濂的满洲医科大学毕业生身份，还是引起了当时爱国激情至上环境下一些过激学生的反应。有一次，侯宗濂应邀在学校开设讲座课，有学生一上来就言辞激烈地质问道："满洲医科大学是日本鬼子为殖民东北创办的，日本鬼子在东北血债累累，你在学校都做了什么见不得人的事。为何还会被送去日本京都帝国大学留学，为什么要做汉奸，为什么跑到我们北平来了，请你给我们明确的解释。"这种歪曲事实的说法也引起了一些不明真相听课学生的共鸣。

当时的课堂气氛异常紧张，但侯宗濂并不生气，他轻轻合上书本，认真地告诉学生："刚才这位同学讲的问题，的确是一个大问题。我们中国人历来讲求的是大是大非，这也是评价人的一个基本标准。我所毕业的满洲医科大学虽然是日本人创办的，但是并非没有做过好事，我们的同学包括一些日本学者曾经多次下乡给当地老百姓治病。普通日本人也是爱好和平的，也是反对侵略的，满洲医科大学就有因为反对军国主义侵略而被迫辞职的日本学者，这里面就包括我的导师久野先生。我们不能因为日本鬼子的侵略就仇恨一切日本人，这是狭隘的爱国主义。我之所以被送到日本留学，不在于我有什么见不得人的事情，而仅仅在于我在科学研究上的一点点成绩受到了一些专家的肯定。日本在东三省的胡作非为，杀我同胞，这是我愤而辞职来到北平的主要原因。大家知道日本以弹丸小国能够蚕食我国，是为什么吗？就是因为它自明治维新以来，不夸夸其谈，而是重视人才，埋头大力发展科技。日本从人口面积而言是小国，但是从气质精神而言却是强国，不客气地说，我们却恰恰相反。古人说：'要师夷长技以制夷'，孙中山先生、蒋委员长革命未成功前都在日本进修，不也是学习了很久吗？他们哪一个是汉奸？相反，他们正是在领导我们前进的革命领袖！"侯宗濂讲得很生动，语气有力，也很有理，结果平息了这次争论，刚才那名学生也用沉默表示了对他解释的认同，意识到了自己的偏激行为。

由于侯宗濂是在"九一八"事变后来到北京医科大学的，他对东北的沦丧有着切肤的感受，时常为之痛心

第五章 爱国情怀 愤离南满任教北平

疾首,因此,他非常赞同一些教师提出的应该在学生中增设军训课的建议。当时学校中有些老师认为学生主要的任务是学习,不是也不应该像军人那样去保家卫国,军训似乎没有什么必要。侯先生非常忧心于这种事不关己的论调,于是写信给学校领导,情词恳切地谈道:"当前中华民族正处于危急的时刻,居安则思危,何况如今之不安?日本能够以弹丸小国,自明治维新以后,发展神速,自田中奏折实行欲征服亚洲必先征服中国、欲征服中国必占领满洲的国策以来,可谓穷兵黩武,虎视眈眈。当前日本占领东三省,华北已然难存,北平已成危土,如果学校以教育学习为一切工作,则无由于酣睡于卧榻,沉迷于浮华,继续做令人不齿的'东亚病夫',万一事变,恐北平不保,更有亡国灭种的危险。而军事训练,从少年做起,尤要以高校学生为主体,国家灭亡,只要文化和学生的民族心不亡,总有民族复兴的时机。学生强身健体,非为事急,而是健康公民的需要,唯如此,才能有梁启超先生所提倡的少年中国雄踞亚洲的一日。北平医科大学荟萃青年精英,正是肩负他日国强民富之使命,岂可以莫问国事相延宕,到那时,则偌大北平,恐难放置一张安静的书桌!"

侯宗濂的这封书信洋溢着激情澎湃的爱国热情,由于以侯宗濂为代表的老师学生军训强身的要求高涨,大家纷纷立志抗日卫国，学校也顺应潮流增设了军训课程，并且请有国术教师专门指导。为每名师生还发放了一支教练枪，学校并规定，军训不及格的学生不得毕业。

从此，校园里侯宗濂也时常和他的学生一起练习军事技术，一些学生常见他携带着一支教练枪在学校的院子里练习劈杀动作。那时的侯宗濂喜欢着西装、打领带，即使军训时也不例外，这身装束成为学校的一道亮丽风景。

当时的北平医学院体育运动也相当活跃，还时常举行班级的篮球赛。侯宗濂很喜欢篮球运动，曾经申请加入当时的校篮球队，他的远投颇有些威力。在体育场上时常见到他矫健的身影。

这一时期，山雨欲来风满楼，人心惶惶，虽然学校的试验条件比较差，但北平大学医学院的科研活动却果实丰硕，不少专家教授都发表了专著、译著，科研论文总计也达百余篇左右，如吴祥凤的《临床便资》、刘兆霖的《外科各论》、《外科史》，梁铎的《胆囊之X光检查》，林振纲的《原发性心骼灰化症》，周颂声的《肌肉紧张之二层支配之研究》。面对同事取得的成绩，侯先生也不甘人后，他对自己的要求非常严格，在开展教学之外，他利用较为有限的科研设备，积极开展科学研究。世上无难事，只要肯攀登，在这里的几年时光，侯宗濂相继完成了《身体发汗同外界温度关系》、《交感神

第五章　爱国情怀　愤离南满任教北平

经对心脏紧张的影响》、《费克间隙本质》等论文。这些论文中最显著的成绩是，他首次阐明了 Fick 间隙的本质，肯定了该间隙是由短持续刺激的阳极阻滞所产生，间隙前的肌收缩是阴极兴奋的结果，而间隙后则是由阳极兴奋所影响产生的。

这个阶段，他和协和医学院的林可胜教授保持着更为密切的往来，二人这次重聚北京，都分外高兴。林可胜为了建设协和，呕心沥血，他对侯宗濂的人品成就都很佩服，于是经常相约一起探讨学科建设，畅谈风云大事。

1934 年前后，侯宗濂曾经给林可胜创办的《中国生理学杂志》投寄了几篇论文，这些论文最终都是以中文形式发表的，这在当时科学界英文当道的大环境中是空前的事迹。只要翻开 30 年代以前的中国生理学杂志，只有这一个特例。

《中国生理学杂志》是协和医学院出资创办的，本来只发英文写就的科研文章，即使在协和内部，自 1927 年创刊以后，也从没有一位学生和老师包括创始人林可胜本人用中文写作的论文得以在此发表。侯宗濂的文章投寄过去以后，虽然林可胜本人认为文章科学见解独到，但是编辑部内部有不少人却认为系用中文表述，这是对杂志一贯风格的蔑视和有意的破坏，于是最终决定用编辑部的名义复信侯先生要求他予以文体转换。

侯先生很快回复了信件，拒绝了这一要求，他在信中诚恳地说："各位同仁，大家都是专心于医学科学建设事业的，这一点可谓志同道合。为促进学术交流、推动我国生理学的发展和培养这方面的科学人才，我们夙兴夜寐，夜以继日，都发挥了很大的作用。《中国生理学杂志》正是用心为学服务的典范，编辑部工作人员对每篇论文都能认真审查，严格要求，一再修改，直到完全满意时才公开发表，这对树立严谨的写作态度，培养严格的科学作风起了很好的示范的作用。这个刊物不仅获得了国际生理学界的称道，而且成为我国具有国际水平的少数科学刊物之一。你们的刊物我基本上每期都看，而且看得很仔细，这有效地促进了我的科研工作，首先是应该向你们表示感谢的。但具体到我的这篇文章，我一直在想，既然杂志命名为《中国生理学杂志》，就应该具备不同于其他国际生理学杂志的独特风骨，是应该可以用中文来表达自己的科学观点的，而不是一定要使用英文。文章的核心是观点准确和先进性，而不在于表达上的格式问题。况且用英文写作，本是英美派的长项，而这一点对于我国医科学术界的另一派'德日派'是不公平的。我虽然可能被列入'德日派'系统，但是我对此不以为然，我一向反对自设门墙，反对圈子

第五章 爱国情怀 愤离南满任教北平

中的拉帮结派,这样只能阻碍学术的良性运转。希望你们以后在审稿中能够一视同仁,携手合作。我们的稿件不让使用中文,这是一种自我的轻视,如果你们编辑部坚持这样做的话,请您还是不要使用我的稿子为好。"

因为侯宗濂对使用中文表述的坚持,而且他的说理态度诚恳,最终苛刻的编辑部评委破天荒地同意了他的这个做法。但是,他们给侯宗濂回了封措辞谨慎的信:

"侯宗濂先生,你的文章我们决定还是使用中文发表,这是因为我们对您学术水平的高度信任和肯定。但是规矩有时是不好打破的,我们的刊物起步维艰,正需要在国际上打开局面,用英文发表文章只是紧跟国际潮流,并非是要对德日派系的学者制造人为障碍,我们深信,您能够深刻地理解我们的苦衷,并一如既往地支持我们的工作。"

时隔不久,林可胜先生又一次见到侯宗濂,林非常幽默地告诉他:"你搞的文章,让我们的工作人员很头疼,对我们来说,这种做法可是大姑娘上轿头一回啊。"

1934年7月,在南京召开了远东热带医学第九届大会,侯宗濂也应邀出席了这次会议。他在会场发言,时值民国政府开展"二年禁毒,六年禁烟"的新生活运动,侯宗濂当着诸多科学家的面,言辞恳切地质问为什么现在不少地方依旧宣传鸦片和喝酒一样危害不大或者说西方人喝酒东方人就应该吸鸦片。他列举第一次世界大战中国志愿者的例子，驳斥了所谓禁止鸦片会造成劳动力缺乏的谎言。他指出，正因为从印度到香港，英国在亚洲的殖民地政府的主要收入是靠鸦片的利润维持，所以他们才大力宣扬诸如鸦片可以解除疲劳甚至鸦片虽然对西方人有害可是对中国人有益的奇怪理论。他激烈地说："鸦片有百害而无一利。现在另外一种危害更大的毒品，海洛因已经进入了中国北方。这种被称为白粉的东西被加在香烟中，造成更多的瘾君子。"

侯宗濂的发言引起了亚洲不少国家代表的共鸣。

在这次会议上，有名美国专家在发言时不无讽刺地嘲笑中国人："听说中国人吃活老鼠，这是真的吗？"侯宗濂立即答道："至少我没听说过，倒是有人告诉我你们美国人都喜欢吃热狗这种东西。"两人都笑了，美国专家只得补充了一句："侯先生，你很聪明。"

在这里，侯宗濂还遇见了当年在南满医学堂的好朋友杨永年。杨永年刚刚从英国皇家医学研究院、美国中央卫生研究院研修生物制品回国，新担任了南京中央卫生实验所所长，正是这次会议的筹办单位负责人。他们俩好久不见了，好友相见，自然欢喜异常，相谈甚欢。杨永年不无担忧地告诉侯宗濂，现在国内不少地方毒品、瘟疫非常严重，国民政府虽然对这些问题很重视，

第五章 爱国情怀 愤离南满任教北平

但是积重难返,非指望几个人就可以扭转得了的,看来西医学教育还是个大问题。侯宗濂也对杨这一看法深以为然。会议开了整五天,临别,杨永年说:"侯兄,你能从满洲医科大学出来很好,那里现在已经彻底是日本人的生物实验基地了。北平大学医学院虽然差些,但是毕竟是我们中国人自己做主,也是中国高等教育的一面旗帜。以后我们要多联系,兄弟们还都指望你好好干,拉兄弟们一把呢!"

两人又聊了很久,这才依依不舍地分别。

侯宗濂虽然一直工作在北平大学医学院医疗教育战线上,但是他也不是漠不关心时事的书呆子,他时刻注视着医院外面的大世界。1934年10月,国民政府为了"使西方人士得见中国艺术之伟美",决定次年将故宫博物院等公私方面收藏的大批古物运往英国伦敦,品类为铜器、瓷器、书画、玉器、景泰蓝、织锦、折扇、古书等,举办中国艺术国际展览会。当时为此专门成立了一个委员会,选择运英展览的文物,法国人伯希和被推为选择委员。但是这个伯希和臭名昭著,因为自1840年鸦片战争以来,伴随着帝国主义对中国的军事侵略,各国考察家纷纷拥入中国西北地区,将中国的许多文物古籍劫掠而去,其中影响最大的当推敦煌文书的被盗劫,而这其中最大的盗劫者就是英国的斯坦因和这个伯希和。

消息传出，舆论哗然，当时学术界的一些爱国志士强烈反对行政院这一做法。1935年1月20日，《北平晨报》刊登了一批学者联名发表的《我国学术界反对古物运英展览》的公开信，侯宗濂就是这封公开信的积极倡导者，信中说：

> 英国邀约中国出品，自出于宣扬中国文化艺术之意。中英邦交素睦，况英皇庆典，理应表祝，是我政府允诺英方邀约，亦属外交美谈。虽然，有一点必值得注意者，即安全问题。乃闻最近之拟议，如此远航，竟不保险，以数千年仅余之国宝，作数万里往复之运输，此殆为任何国家所不肯，我政府有何把握，作此冒险之举？且十年以来，关于管理古物，未得妥善办法，在国内封箧收藏，犹虑毁损或盗窃之事；今一旦以少数委员，携带所有之旷代稀珍，陈列海外，经年始归，其照料与保护之困难，更有何克服之方法？是以吾人意见，以为北平学术界诸君所虑之点，甚值注意。具体言之：第一，所有出品，应中国自定，不得任彼方之选择。第二，应决定原则，真正珍贵之品，不送往陈列。第三，应要求保险。倘英方不同意，则谢绝

第五章 爱国情怀 愤离南满任教北平

展览，亦无不可。甚望政府熟察本问题性质之重大，速作考虑，以慰舆情。说者或曰：此举本为裨益外交，交驩英国，既允许于前，不便拒悔于后。则吾人愿声明兹所争者，为办法如何。只须真正国宝不出洋，出洋者有保险，即可践约开会。倘英方不愿依此条件，则开会不成，在我不为失信。乡曲冬烘之士，一书不肯假人，我国家虽大量，固不能倾其祖先所余之宝物，自负危险，携带万里，以供人展览也。若必假外交之说，一切如彼方办法，希图交欢，则观念根本错误。此举只能说友谊，全不关外交。中国今日，对日本，委曲求全，倾诚避免，失四省不复争，长城一带，一切听便，而犹日受关东军之胁威，惴惴不可终日，对美国，传统亲善数十年，近年尤仰望以为平和之柱石，然最近数月，忽受白银问题之打击，哭笑不得。此外中苏复交三年，等于毫无关系，西陲边局，一年来亦直无从过问；就外交言，可谓四面不通，八方失败，挽救之道，端赖决国策，运方略，岂能赖古董珍宝之流转移外交？是以只能曰友谊问题而已。友谊则须论情说理，我不愿使人选择，不愿无保险，此情理之至也。倘因意见不合，而开会作罢，亦无背于情理，即无伤于友谊也。又或者以为必珍品出洋，始能宣扬文化，而文化宣扬，足增高国际地位，此亦似是而非之言。吾以为欧洲人之有识者，孰不知中国古代文化在世界历史上之地位，固不必待展览国宝而后宣扬。即普通欧人，虽未到中国，但必曾到博物馆，是则伦敦巴黎，皆有丰富收藏，中国文化具何特色，一般本有印象。若必尽运国宝而陈诸伦敦，亦不过使万千观众，暂时增加惊叹，迨其回家阅报，则但见关于中国问题之严重记载：譬如曰：关东军又要求毗连热河之中国一省，将其某县内军队撤去，中国无应付之方法。曰：中国金融，自白银流出后，市场不安，工商萧条，试问一般对中国之感想又如何？夫古文化者，义如其字，古代过去之文化而已，吾侪后裔，固宜宝贵祖先遗爱，但绝不能以此为夸耀。彼主持运英展览者，谨防夸耀无功，而并此仅余之国宝而失之！是则真成为可怜之悲剧矣。吾人故愿政府采纳北平学术界诸君之意见要点，详审讨论，及时补救，则幸甚。

这一公开信并不反对将古物运到英国展览，而是认为不加选择、不做保险是失职的行为。在此公开信上签名者都是当时国内的学术专家、社会文化名流，如王力、林徽因、陈之迈、陈岱孙、金岳霖、熊佛西、朱自

第五章 爱国情怀 愤离南满任教北平

清、周培源、张荫麟、张真如、刘信芳、李健吾、时振纲、姚鸿焘等,该活动在社会上也引起了强烈的反响。

当侯宗濂先生知晓学术界发动联署时,也毅然决然地在上面签字表示对这场抗议活动的强有力支持。

侯宗濂是北平大学医学院签字的第一人,有同事曾经劝他说:"这件事主要是文化领域的人在闹,你是搞自然科学的,对文物的事情不具备过多的发言权,况且现在国事很不明朗,自己尚顾不暇,何必蹚这浑水?"侯先生听了很生气地回复:"人家文化学界的人有气节,我们搞自然科学的人就应该没有气节了?只知道做学问,莫谈国事,那是很危险的倾向!"

该事件见报以后,当局甚为恼怒,给予北京学术界很大的压力,一度谣言还要对这些参与署名的人实行强制管制。有朋友风闻消息,跑来劝他躲避一下为好,侯宗濂毫不畏惧,依然照常上课上班。他给好心的同事说:"当局若敢冒天下之大不韪,必将尽失民心,蒋委员长不会傻到这种地步。"

由于侯宗濂的气魄和表现,学生中原来的一些激进爱国分子也改变了对侯宗濂的看法,几名以前激烈反对他的学生还给侯宗濂送来了支持信,不再认为他是亲近德日法西斯的"假洋鬼子"了。有个学生甚至在日记中写道:"侯宗濂老师有深厚的德日背景,向来我等皆认为侯是莫谈国事,为日德所役使,只是钻研科学。今以护宝心切勘验,乃是有血性之国人楷模。"

1935年11月,在莫斯科召开了第十五届国际生理学会议,这是第一次在苏维埃国家举行的规模宏大的科学会议,因而对苏联而言有巨大的政治意义。大会之所以具有权威性,是因为它的主持人是当时享有极高威望的生理科学家巴甫洛夫院士。

中国政府接到邀请后,也决定派员参加大会。林可胜作为当时中国生理学会的实际负责人,在考虑人选时,抛弃门户之见,很自然地就想到了侯宗濂,于是发邀请函给他,希望他能作为生理学会会员参加这次会议。侯宗濂稍有些犹豫不决,因为按照规定,这次会议的与会者要提交学术论文,而现在剩余的时间似乎对认真撰写论文有些紧张了,于是他对林可胜说:"会议我是很想参加的,但是对于提交论文的事情却很费我的脑筋,不携带认真做成的论文是不严谨的和过度轻率的行为。"林可胜笑了:"这个好办,你的'费氏(fick)间隙'的理论不正好拿出来讲讲,难道你要把它作为国内的小秘密吗?"

因为中国生理学会的推荐,侯先生出席了在莫斯科召开的第十五届国际生理学大会,与会的中国代表还有汪猷、吴宪等医学专家。

30年代正是社会主义苏联经济高速发展时期,以至

第五章 爱国情怀 愤离南满任教北平

于当时欧美许多发达国家都派人到苏联参观学习。而苏联经济的迅猛发展得益于高度的中央集权和高度的集中使用和利用人力资源，也就是高度集中的计划经济，即国有经济和集体经济。斯大林的威望似乎正如日中天，但这一切掩饰不去极权统治下的阴影。苏联国内的政治处于"于无声处听惊雷"的沉寂，"大肃反"清洗了大批的干部，让社会主义呈现出一种混合型的迷离色彩。

但这种阴郁和高亢并存的国内政治气氛并没有影响这次科学盛会，苏联为了赢得国际大国地位，对这次大会组织得非常精心，也很成功。大会在道利达宫举行了隆重的开幕仪式，会场大厅装饰得如同节日一般。美国生理学家富尔敦曾经撰文回忆说："出席大会的人都非常高兴，他们见到巴甫洛夫，胰岛素发现者班丁等。巴甫洛夫还活着，并且还主持了这次令人难忘的会议。巴甫洛夫病过几次，这次会议之前的四个月他得了威胁生命的肺炎，但是，似乎命运决定他应该活到大会召开。他非常生动地主持了开幕式，参加了以后的各次会议，在早餐和中餐的时候还和许多代表亲切交谈，并又一次在儿童村主持了官方宴会……这次大会令人难以忘怀，它开得很隆重，表现了伟大科学家完美的一生。"

著名生理学专家肯农在这次会议做了纲领性的报告，而巴甫洛夫的开幕词不仅仅是谈科学成就的。著名的大科学家们从来都不是对政治不闻不问的。他说："1935年从日耳曼、意大利、西班牙传来了令人不安的消息。法西斯主义猖獗起来，'褐色瘟疫'有席卷整个欧洲之势。战争实质上是解决极大困境的一种凶残的方法，是有害于人类和其丰富资源的一种方法。"

这些志同道合的朋友不远万里来自各国。他们认真细致地准备了自己的报告。为那些正受到法西斯主义威胁的国家伸张正义。肯农说，对于科学工作者来说，言论自由十分重要。德国纳粹分子代表完全明白这是在批判纳粹主义，所以他们要求这位美国生理学家公开道歉。但是，大会的其他代表们对希特勒主义的追随者给予了应有的反击。大会的闭幕式在莫斯科大音乐厅举行。正是在这里，来自苏格兰的别尔杰尔教授在告别中以全体代表的名义授予巴甫洛夫以世界第一位生理学家的尊称。没有哪一个科学家享受过这种最高的殊荣。

在克里姆林宫为招待大会执行代表而举行的晚会上，生理学家们的"元老"巴甫洛夫致了答词："正如你们所知，我是个彻头彻尾的实验者，我的全部生命都是由实验构成的。"

这次会议虽然很像一场苏联和巴甫洛夫个人的政治秀，而且因为"二战"的浓重阴霾而使科学主义蒙上了浓重的政治阴影，但是以侯宗濂为代表的年轻的中国生理学

第五章 爱国情怀 愤离南满任教北平

术界还是让苏联、美国等这些生理大国感到耳目一新。

侯宗濂在第一天的会议中见到了巴甫洛夫,时年他已经86岁高龄,但是精神尚好,侯宗濂小他50岁。巴甫洛夫把他的最新著作《动物高级神经活动(行为)客观研究20年经验:条件反射》作为礼物送给了侯宗濂,并且在开幕招待酒会上拍着侯宗濂的肩膀说:"你是中国的代表,还很年轻啊。"侯宗濂点头道:"祝愿您老身体健康,再出成绩!"

巴甫洛夫笑了,"我老了,快不行了,不像你还年轻,生理科学要多鼓励年轻人,你的报告题目我看到了,很好,这个问题我也想过,不过没有深入,你若能够深入下去,非常好。"

"听说你们中国现在在打内战,外面日本人又在侵略,实在是内忧外患,多灾多难啊。"巴甫洛夫伤感地说。

侯宗濂点点头,对巴甫洛夫说:"是的,不过我相信我们国家总有强大与和平的一天,现在的我们也许就如同你在我这个年龄时的沙俄吧,很希望我们也和您年轻时一样能够为祖国争光。"

巴甫洛夫淡淡地说:"巴甫洛夫很忙……巴甫洛夫正在死亡。无论我在做什么,我一直都在想这个问题,我是老了,但是只要精力许可,我就要首先为我的祖国服务。你们中国也要建设生理学科,就要和我们苏联加强交流，你们虽然目前落后，但是不会一直落后的。如果需要我，我还是很想去你们国家看看的。"

1936年2月，这位获得过诺贝尔奖的伟大科学家去世了。侯宗濂虽然和他只有这次一面之缘，但是却印象深刻。侯宗濂后来曾谈到这次会议见到巴甫洛夫是他科学工作中一个极其重要的时刻，本来他是想和这位科学家深入谈一些科学问题的，但是会议上没有过多的时间展开，以后也就没有机会了，他一直觉得这非常遗憾。不过巴甫洛夫和侯宗濂还是非常有缘的，新中国成立以后，侯先生曾经致力于对这位苏联科学家睡眠生理学学问的介绍和翻译工作。

在学术会议上，侯宗濂代表中国做了主题发言，他重点阐述了他对"费氏（fick）间隙"理论的独到见解，这个时候的侯宗濂正当壮年，而且国际名声日渐响亮。但是他能够自我突破，这篇崭新的论文受到了与会专家的高度评价和重视。他讲完以后，各国同行都过来和他握手致意。

国际上的盛会很快结束了，侯宗濂又重新回到了风雨飘摇的北平，日子似乎恢复了往日的平静。他还是沐浴在每日烦琐的教学与实验之中，平淡而充实，可是一年之后，福建发生的一场大瘟疫，让他从当时的北平跑到了南方的福建，人生的命运总是充满了转折的神奇之处。

第六章　应邀南下　筹建福医培育人才

在漫长的封建社会里，福建的医疗卫生条件就很差，自古被称为"瘴疠之乡，寄生虫病、热带病王国"；"闽"是福建的简称，这个字就被解为"门内多虫"。由于福建省地理、气候条件特殊，加之战乱、灾祸连年，疫病猖獗，烈性传染病一直流行不断，如鼠疫、霍乱、结核等多次发生大流行，死者无数，以至棺木脱销。据有关记载，仅鼠疫年发病就在2万多例，病死率高达80%以上，患者以腺鼠疫最为多见。

1935年4月，福建的雁石、城关北门三民坊、大洋乡、曹溪、苏溪头、集美乡等地突然相继发生鼠疫。至6月中旬，疫情快速蔓延，当时龙岩县城人口仅7000多，染疫而死者竟高达300多人，当地军政当局急请驻闽绥靖主任转报国民政府中央，希望能够派员支援防治工作。得到消息后，民国政府紧急部署，8月，卫生署电令杨永年带领一批技术人员赶到福建指导防疫。杨永年是辽宁凤城人，小侯宗濂一岁，也算侯宗濂的老乡。他在满洲医科大学时期就是侯宗濂的学弟，与侯一样也到日本进修了几年，只是他攻读学位时是在日本东京应庆大学。杨永年还曾经赴波、捷、匈、德、法、意、比及瑞士等国考察微生物学，并且主持了南京国际热带医学大会。这次受命来到福建后，他抱着"人命大于天"的信念，立马进行救助和诊治工作。

民国之初，福建省尚无统一的省级卫生管理机构，分别在省府民政厅第三科内设防疫专员室民疗队，在教育厅内设健康教育委员会，在保安处第二科设医务所，在省会公安局内设卫生科等，不仅机构分散，叠床架屋，彼此间也并无统一领导和归属关系，各自为谋，因此难有作为。于是，为了统一指挥系统，杨永年上书福建省政府，希望能够进行资源整合。省府经过慎重考虑，1936年，福建省府第83次委员会议通过统一卫生行政案，决定将原各分散的卫生机构均统一于民政厅下设置卫生科，统筹全省卫生建设等事宜。

杨永年继而在龙岩成立了"龙岩鼠疫防治实验区防疫所"，承办鼠疫防治各项工作，开展了一些卓有成效的工作。疫情一度有所好转，但是到1936年秋，闽北鼠疫再次爆发，1937年的春天，闽南鼠疫接着爆发。这年的5月，为了统一指挥全省的防疫工作，杨永年又

第六章 应邀南下 筹建福医培育人才

只得在晋江设立"福建全省防疫总所",以应对更大的危局。

这次瘟疫似乎奇怪迅猛,反复扑杀难以灭绝,当地人民痛苦不堪。福州街头常可遇见欲求医的鼠疫病人,民众、官方、医护人员也都对其畏之如虎,有些贫困病人就横死在医院门口或街头。当时有诗歌云:

> 全镇仅千家,日死数十人,时疫甚祸水,生命等轻尘。丧夫才东屋,哭子又西邻,入耳声凄楚,满眼景沉阴。鼠且衔尾走,人焉以保身,当道不过问,亦枉哭高坟。嗟嗟离乱日,咄咄苦难辰。我生何不幸,作兹历劫民。

可见当地鼠疫爆发流行,以致鼠群异常迁徙,相互衔尾渡过富屯溪,到远处"避死",而这又将疫祸带到新的地方,人们避鼠如避虎,鼠至则人空。从这首描述鼠疫惨况的小诗可以看出,在当时战乱与疫情的双重攻击下,疫区的悲惨与无助,疫情猖獗如火,人们无不承受着巨大的苦难。

福建的紧张情势已不容拖延,而原来的防治力量又远远不够,杨永年作为中央特派员,只得四处出击,求"神"告"佛",决定聘请专家相助。为此,他一方面紧急向中央求援,中央批复加大投入救灾物资资金;另一方面，杨永年则利用自己在医疗界的广泛人脉，力邀医疗专家前来共商大事，他第一个想到的专家，就是师兄和好友侯宗濂。

杨永年遂给还身在北平的侯宗濂发了紧急电报，谈了福建的疫情十万火急，希望侯宗濂能够迅速赶来帮忙。杨永年在信中坦承："今闽之疫情，非一般之力可以扑灭，若非在此扎根，倾注心力者而不可为。兄素有怜悯苍生之念，今又以专业特长而扬名学界，但是救死扶伤乃实践大事，非纸上谈兵那般容易，而是需要亲赴一线，方可明晓病源，展开有效工作。自弟授命赴任以来，夙夜忧叹，因力不逮，恐不能救苦难民众于水火，甚为揪心。今苍生大事，望兄昼夜兼程，免我望穿秋水之急也。"

侯宗濂得到消息是在1937年6月时节，北平大学医学院刚要放暑假，学生大部分都准备回家了。侯宗濂本也准备回家看望一下几年没见的弟弟，但他见杨永年那边相当紧急，于是放弃了回家的打算，一刻也不敢耽搁，赶紧收拾行囊，准备好相关医疗器械，即日就起程赴闽。

当在简陋的指挥所中听到通报，杨永年激动地赶紧跑出来相迎，见了面就和侯宗濂紧紧拥抱。杨永年满脸憔悴，看得出已经几天没有好好休息了，他笑着说：

第六章 应邀南下 筹建福医培育人才

"侯兄欣然冒险前来，正如三国演义中曹操看到许攸，我是欢喜异常啊。"侯宗濂也道："你十万火急的军令，我也要赶飞机才能过来啊。"

两人坐下，也顾不上谈及他事，侯宗濂就详细询问当地瘟疫的具体情况，并且要求能够立即着手工作。杨永年说："你才来，还是先简单吃顿饭，今天先好好休息，我明天给你接风洗尘。防治工作不忙展开，如你这般的好钢还是要用在刀刃上。"

侯宗濂道："你的信上可不是说这样不忙的，我看要搞的形式主义就免了，非常时期，就别那样客套了，还是先看看吧，让我心里也有个基本的概念和准备。"杨永年和他本就非常熟，知道他的脾气，拗不过他，于是赶紧给侯宗濂安排工作和住处等事宜。

侯宗濂不避危险，当天下午就开始走访各地，视察了严重疫情。当他看到惨不忍睹的灾情时，心情变得异常沉重，遂决定当晚就和杨永年等指挥部人员商量该如何办法。

晚上，大家落座，杨永年说："侯兄，慢待你了。"

侯宗濂说："工作时间，就别说这些了，说说你的想法。"

杨永年一笑，转而道："这次福建的疫情发展很快，我们虽投入不少人力物力，但是见效不大，除了感染源比较特殊外，医疗专业人员缺乏也是问题的关键所在，出了事情，人手根本不够。所谓头疼医头，脚疼医脚，不能釜底抽薪，这个问题很让人困扰。"

侯宗濂沉思了一下，说："永年，你觉得如何解决好？"

杨永年道："我这次来闽，本只是防治疫情的，但是授之以鱼，莫如授之以渔。再说等到出了事情请人帮助，有几个像侯兄你这样无私干脆的，而且即使个个都如你，也是远水解不了近渴的。现在福建的医学校还刚起步，我们如能把它扩大，培养专门的当地医科人才，这样就可以做到有备无患了。"

侯宗濂笑道："这可不像你给我写信的时候说的那样简单，别忘了，我现在还是北平大学医学院老师，你这明显是挖人家的墙脚吧。"

杨永年道："都是自己人，别说得好像我用什么阴谋似的嘛。上回在南京开会我不是也谈过类似的观点，你有什么想法，侯兄。"

侯宗濂道："我既然来了，就先听从你的安排吧。不过这只是帮忙。"

这时的福建省医疗卫生人员奇缺，全省只有一所省立第一医院。该院筹建于1933年，由爱国侨领胡文虎先生捐资国币20万元为初建费，先期投资8万元，分

第六章 应邀南下 筹建福医培育人才

期续汇,正觅院址之时,逢"福建事变"爆发,所汇之款被非法挪用,延至1935年4月,始由省府组织省立医院筹备处,拨还原款项,并由省府增拨15000元,胡文虎先生续汇12万元,共21.5万元,择福州城台中间吉祥山为院址,占地70亩,分期建设。首期建设总坊一座,护士宿舍一座,甲、乙病房两座,隔离病房一座,计工价6万余元;第二期建设外来门诊一座,太平房、燃烧室、厨房、汽车库、大门、围篱等,计工价6.7万余元;第三期为建设卫生设备、围庭布置及胡文虎先生铜像台等,计工价1.2万余元;三期建设共费时1年8个月,支付工价13.9万余元,另购设备7.3万余元。分科为:医务组、内科(附小儿科)、外科、皮肤性病泌尿科、物理治疗科、眼科、耳鼻科、药局等,每科各延聘主任医师1~2人主持,于1937年5月1日设立临时诊所开诊。但这远远不能满足当时猖獗疫情的需要,而这也正是杨永年所忧心的核心问题。

虽然办学的共识容易达到一致,但是对于经费、人员、校址等具体事务,因为当时疫情甚紧,资源僧多而粥少,杨永年也颇有些无可奈何,只得对侯宗濂苦笑说:"经费的事虽然前期省府陈长官答应先解决一些,但是更多的资金看来只能由你去想办法筹集了。这是没有办法的,你还是多方募款吧。"

侯宗濂沉思了一下，只好同意："永年，我是来帮助你的，时间是两个月，现在放假一个月，我只给学校请了一个月左右的假，而且还想原是来这边单单治病救人的，结果跑过来却要我办学校，这很让我意外。你知道，我对行政不在行，这是赶鸭子上架，但看你这儿的情况，我也就不得不上这个架了。"

杨永年说："侯兄，你搞了几年科研，也该换换脑子，现在福建医学院刚刚筹建，你先搞搞行政，以后还可以做科研的，既来之，则安之嘛。资金的事情我们会想好办法的。"

两人议定，于是第二天立马展开相关工作，侯宗濂一方面指挥下属开始招募护士人员，他亲自撰写了招聘通知，又为即将出炉的新学校制定各种规划章程，另一方面则派人采勘地址，同时，他也在简陋的实验室加紧对疾病的研究工作。在临时的住房里，工作经常是通宵达旦，累了就在椅子上躺一会儿，渴了喝几口水，然后就又开始了繁忙的事务。

一切似乎都是在有条不紊的平静之中进行，杨永年和侯宗濂因为各忙各的事，见面的机会并不多，一般是隔几天通个电话。1937年7月的一天，杨永年忽然跑来告诉他："侯兄，看来你回不去了。你看看报纸，出大事了，日本人占领北平了。"

第六章　应邀南下　筹建福医培育人才

侯宗濂一惊，赶紧从凳子上站起来拿报纸观瞧，原来在他到福建帮忙防疫的这个月，北平发生了重大变化：

6月25日开始，日军在北平近郊卢沟桥以北以西地区举行一连串挑衅性的军事演习。7月7日夜晚，驻丰台的日本驻屯军第一联队第三大队第八中队在中队长清水节郎的率领下，在卢沟桥以北地区举行夜间演习。夜晚11时许，日军演习部队突称遭受中国军队射击，导致一名士兵失踪，要求进入宛平县城搜查，同时又向丰台日军请援。驻守宛平之二十九军三十七师二一九团吉星文团长以时值深夜，恐生事端，拒绝日军入城，日军遂对宛平采包围态势。不久，丰台日军援部抵达，并于7月8日凌晨4时50分开始炮击宛平城，吉星文亦下令守军还击，遂爆发了历史性的"七七事变"。到7月14日，新任日军华北驻屯军司令官香月清司向二十九军长官宋哲元提出七项要求，包括镇压爱国运动、中国军队撤出城外等。宋哲元最初不明日方的底细，不主张轻易开战，而倾向于和平谈判。20日，日军却以巨炮轰击长辛店及宛平城，造成中国军民严重的死伤。

7月27日，日本政府决定第二次增兵华北，令日军精锐第五、第六、第十师团由日本本土向中国平津一带输送。当晚，日军向二十九军发起全线进攻，南苑、北苑、西苑、通县等地战斗激烈。7月28日，鉴于敌我力量悬殊,再坚持下去已属无用,宋哲元决定率二十九军撤退到保定。7月29日,北平宣告沦陷。

震惊中外的卢沟桥事变发生后,日本帝国主义在中国土地上发动了大规模的侵略战争。我守军则奋起还击,全面抗战宣告开始。

"烽火连三月,家书抵万金""一年年的国土沦丧,满耳是大众的嗟伤",突如其来的全面战争导致的南北交通完全中断,打断了侯宗濂再回北平大学医学院教书的想法,他只得安心地在福建筹办医院了。但是在工作之余,侯宗濂的内心深处很是担心自己的同事和那些熟悉的学生,不止一次,他担忧地告诉别人说:"战争是要死人的,这些日本好战者是疯了。不知道我的那些医学院的同事,还有学生,他们现在好吗?"

据在福建当时亲近他的人回忆,侯宗濂这个阶段特别喜欢读朱自清的一篇文章,也许这篇文章很能表现他浓重的北平情结:

> 二十六年(1937年)七月二十七日的下午,风声很紧,我们从西郊搬到西单牌楼左近胡同里朋友的屋子里。朋友全家回南方,只住着他的一位同乡和几个仆人。我们进了城,城门就关上了。街上有点儿乱,但是大体上还平静。听说敌人有哀的美敦

第六章　应邀南下　筹建福医培育人才

书给我们北平的当局，限二十八日答复，实在就是叫咱们非投降不可。要不然，二十八日他们便要动手。我们那时虽然还猜不透当局的意思，但是看光景，背城一战是不可免的。二十八日那一天，在床上便听见隆隆的声音。我们想，大概是轰炸西苑兵营了。赶紧起来，到胡同口买报去。胡同口正冲着西长安街。这儿有西城到东城的电车道，可是这当儿两头都不见电车的影子，只剩两条电车轨在闪闪的发光。街上洋车也少，行人也少。报上看出咱们是决定打了。我匆匆拿着报看着回到住的地方。隆隆的声音还在稀疏地响着。午饭匆匆的吃了。门口接二连三的叫"号外！号外！"买进来抢着看，起先说咱们抢回丰台，抢回天津老站了，后来说咱们抢回廊坊了，最后说咱们打进通州了。六点钟的样子，忽然有一架飞机嗡嗡的出现在高空中。大家都到院子里仰起头看，想看看是不是咱们中央的。飞机绕着弯儿，随着弯儿，均匀的撒着一沓一沓的纸片儿，像个长尾巴似的。纸片儿马上散开了，纷纷扬扬的像蝴蝶儿乱飞。我们明白了，这是敌人打得不好，派飞机来撒传单骗人了。仆人们开门出去，在胡同里捡了两张进来，果然是的。满纸荒谬的劝降的话。我们略看一看，便撕掉扔了。天黑了，白天里稀疏的隆隆的声音却密起来了。这时候屋里的电话铃也响得密起来了。大家在电话里猜着,是敌人在进攻西苑了,是敌人在进攻南苑了。这是炮声,一下一下响的是咱们的,两下两下响的是他们的。可是敌人怎么就能够打到西苑或南苑呢?谁都在闷葫芦里!一会儿警察挨家通知,叫塞严了窗户跟门儿什么的,还得准备些土,拌上尿跟葱,说是夜里敌人的飞机也许来放毒气。我们不相信敌人敢在北平城里放毒气。二十九日天刚亮,电话铃响了。一个朋友用确定的口气说,宋哲元、秦德纯昨儿夜里都走了!北平的局面变了!就算归了敌人了!他说昨儿的好消息也不是全没影儿,可是说得太热闹些。他说我们现在像从天顶上摔下来了,可是别灰心!瞧昨儿个大家那么焦急的盼望胜利的消息,那么热烈的接受胜利的消息,可见北平的人心是不死的。只要人心不死,最后的胜利终究是咱们的!

据记载,开始在福建得知北平沦陷的消息,侯先生颇有些沮丧,甚至几天都吃不下饭,但是杨永年和一些同事都很关心他,尤其是杨,常打电话到办公室,要求给侯先生做些好吃的,少让他为战争的事情费心。时隔不久,侯

第六章 应邀南下 筹建福医培育人才

先生可能也对福建医学院的工作产生了较为浓厚的兴趣，精神也好多了，而且经常重复朱自清文章里"人心是不死的。只要人心不死，最后的胜利终究是咱们的！"这句话，遂把更多的心思放到了学校的建设事业上。

福建医学院早期办学条件十分艰难，虽名为省立，但省财政困厄不堪，省财政厅长被称为"乞丐厅长"，须向海外侨胞募资度日。抗战期间，困苦更甚。幸亏当时的福建省行政长官陈仪是个明事理的人，因此在办学初期，得到了他在财政和行政上的大力支持。

1934年的2月，福建事变结束后，时任国民政府军政部政务次长的陈仪，奉派调任为福建省政府主席。陈仪本是行伍出身，先后毕业于日本士官学校和陆军大学，曾与蒋介石在日本士官学校同学。辛亥革命时参加过浙江独立运动，担任浙江都督府军政司司长、陆海军大元帅统率办事处军事参议官等。1928年的3月，陈仪还曾奉蒋介石之命率团赴欧洲考察军务，回国后被委以军政部兵工署署长重任，颇获赏识，并转任军政部政务次长。宦海沉浮多年的陈仪，心胸开阔，初次主政福建，便多方延揽人才，一心想干出一番大事业。

由于当时适逢抗战开始，东南沿海各大城市的大学及专科学校纷纷内迁西南、西北办学，而福建省的高等教育本来就比较落后，加上办学经费有限，因而无法满足本省有志青年的求学愿望，更难以培养足够的地方经济行政建设所需的专门人才。于是，陈仪考虑设立一所省立福建大学，下设法、农、医三学院。

杨永年到福建主管防疫以后，陈仪曾多次与他面谈医学院筹建大计，杨永年因自感自己防疫事大，而且也谦虚地认为自己缺乏行政领导才能，于是便推荐侯宗濂来主事。陈仪向来爱才，也就言听计从，不惜代价，多次批示给福建医学院的建校工作等提供方便。

在当时这样那样的困难条件下，得到行政上的支持实属不易。侯宗濂并没有完全仰赖政府支持，而是把重心放在民间力量上。他积极募款，经过省府协调，得以向福建省立科学馆借来了几栋楼房做校舍，先成立了省立医学专科学校，侯宗濂自任校长，学校规定学制为六年。并于1937年9月29日正式宣布开学，第一班招生40名，1938年秋又招收了20名，这是该校的草创时期。

可惜因日本加紧侵略中国，频繁骚扰东南沿海地区，刚刚筹备的福建医学院只得被迫迁徙，福建省政府于1938年5月内迁山城永安初定后，陈仪不以战时为托词，而是强调"为建立树人的大计，供应建设的需要"，"筹办大学以研究学术，培养人才"已经"实在是急不容缓的事"。1939年8月，先将侯宗濂组建的省立医学专科学校扩充为省立医学院，9月则委任侯宗濂为

第六章　应邀南下　筹建福医培育人才

福建教育委员会成员。

1939年，由于福建遭受日本的侵略，形势危殆，福建省立医学院被迫迁往沙县，在城关东岳庙（现为沙县实验小学址内）继续办学。当时并设有附属医院，院址在后山官家祠堂（今为干部宿舍区）。在侯宗濂等全校师生的努力经营下，1940年秋，在临时省会永安又开办了分校（药专二班，学生40人）。1941年4月21日，福州宣告沦陷。1942年分校才被迫停办。直至抗日战争胜利的民国三十四年年底（1945年11月），学校才得以迁回福州的吉祥山原址。

在抗战的特殊时期，学校办学经费相当困难，校舍简陋，设备不全，教学工作困难重重。在这一国难深重时期，尽管巧妇难为无米之炊，但福建医学院在侯宗濂主持下，还是得以存续与大力发展，创下了当时高校建设的许多纪录。

据时人记述，当时福建医学院的师生满怀爱国忠愤刻苦学习，尽管条件艰苦，粮食极度紧缺，师生通常只能吃地瓜米饭配腌黄豆，那时的大学生，无论其家乡是否沦陷，一概被视为流亡学生，享受国家贷金待遇（即国家免费供应口粮及伙食费，以贷金形式借贷给学生，俟毕业后偿还，但后来当局并没有要求偿还），所以考上大学就等于有了饭碗。虽然如此，有些学生还是遇到了这样或那样的困难。例如，因为学制长（医学院本科为 6 年），无力读完而中途退学者占 1/3～1/2。

侯宗濂主政不久，就参加了一位自杀身亡的女同学的追悼会。这个女同学已经结婚生子，带着婴儿读书。她的父亲虽然是本校的教授，但她还是因不堪忍受这里艰苦的生活，而在城外的一个山洼里上吊自杀了。侯宗濂带领全校师生为她召开了追悼会，他并亲自题写挽联："惜君英年丧命，愧我无术回生。"横批是："死而已矣。"其无可奈何之情跃然纸上。

面对这人心涣散、条件奇差的种种办学困难，侯宗濂却能够不以为苦，用心经营，使得福医办学薪火不衰。

有学生回忆，侯宗濂当初亲自主讲学校的寄生虫学。这门课本来就难讲，而当时的条件很差，学校缺乏挂图和标本，但是，侯仅靠口授和用粉笔在黑板上画图，就能把各种寄生虫病的幼虫、成虫、宿主、中间宿主、传播途径、在人体内的游走路径和寄生部位表达得清清楚楚。能够达到这样的教学效果，教师不仅要做到胸有成竹，而且还要具有心、口、手三者协调应用的本领。对于血吸虫唯一的中间宿主钉螺的研究，侯宗濂也有着独到的见解。在学生看来，当时，我国医务界对于血吸虫病的了解还很少，像侯宗濂那样能兼做科研工作的教授可以说是凤毛麟角。

第六章 应邀南下 筹建福医培育人才

同时，侯宗濂广泛延揽各方面的人才，吸收了一大批从各地沦陷区慕名而来的知名学者、教授担任教学和科研工作，使得福建医学院的教学质量堪称当时的一流。其中著名的如蹇先器、陈礼节、厉华、黄震亚、屠宝奇等，都是不顾困难险阻，为侯宗濂相邀约，应聘来闽执教。他们在福建医学院共同打拼，编写教材，从事教学科研，使得中国东南一时间出现了一所前所未有的医科大学。

例如蹇先器先生，是国内有名的性病和皮肤病专家。他是侯先生在北平大学医学院的同事，北平被日军占领后，他不愿再做日寇铁蹄下的亡国奴，辗转到西北联合大学工作。本以为从此可以献身祖国的医学事业，为国家多培养医药人才出力了，殊不知国内派系林立，蒋介石对高等学校思想控制很严，堂堂学府，也勾心斗角，经常挑起事端，干扰学习研究。民国政府以西北联大"赤化"为名，下令改组，解聘了一批左翼教授。正义人士，同表愤慨。蹇先器十分失望，于是采取与蒋介石政府"不屑为伍"的不合作态度，于1939年8月被迫离开了西北联大。正在彷徨之际，侯先生知道他的近况后，佩服他的为人为学，于是亲笔写信邀请他南下执教。陈礼节和厉华教授是一对医学伉俪，陈是1936年从京都帝国大学毕业的高才生，是侯先生的校友和师弟。他于1939年3月,收到了侯宗濂的邀请函,侯希望他能够鼎力相助福建医学院的建设,于是陈经重庆、宜昌、长沙、曲江、赣州、瑞金来到福建医学院当时的临时所在地沙县。其夫人厉华是1934年北平大学医学院毕业,曾经是侯宗濂带过的班里的学生,一直深受侯宗濂的影响。在卢沟桥事变后,她以满腔爱国热情投入抗日救亡运动,还曾一度担任西北联合大学医学院儿科讲师。侯宗濂通过层层关系,最终派人找到她,邀请她到福建医学院工作。厉华曾经回忆福建医学院这段时光,不无深情地说:

> 陈礼节任教授兼附属医院内科主任,我任副教授兼附属医院小儿科主任。当时医学院所在地沙县地近抗日前线,经常有敌机空袭,生活极为清苦。侯宗濂院长却不以为苦,一心想把学校搞好。而英美派医师自视甚高,自树门墙,不愿前来受罪。虽然如此,由于我们经年颠沛,竟然安土重迁,一住六载,亲手送走了七届毕业生。

在这段时间里,陈礼节夫妇全部精力都放在教学、临床、科研上。1942年,厉华在福建医学院升为教授。陈礼节则写出《传染病学》讲义、发表了五篇学术论文。

抗战期间,缺乏教科书是医学院学生学习的主要障碍之一。上课时，老师靠的是口授辅以挂图、板书，学生则主要靠记笔记。对于学生来说，判断一位老师的教学效果，自然要视其备课认真与否和讲课技巧而定。可以说，福建医学院的大部分老师的教学效果都是好的或比较好的，只有极个别老师的教学效果差些。国破山河在，在侯宗濂领导下，福建医学院的教学工作蒸蒸日上。为了提高学生的国际沟通能力，侯宗濂还专门开置了外语课程，以日语、德语、英语为主，由于严格要求，许多学生都能通晓2～3门外语，还可以胜任翻译工作。不少学生甚至曾经被抽调到当时的临时省会永安担任外事翻译任务，深受行政主管的好评。各界赞誉："福医学生呱呱叫！"

有一次，陈仪在下属陪同下视察福建医学院，很早就通知了侯宗濂接待事宜，但是到那天莅临，学校里却没有欢迎的人群，而只是见不少学生仍旁若无人地在那里读书。陈的助手很尴尬，准备对侯宗濂接待工作的疏忽兴师问罪，但陈仪却并不在意，深感这里浓厚的学术风气，于是对着侯宗濂赞叹："侯先生确实能干。看来我选人还是选对了，我们是要在学校里培养人才，而不是培养领袖的奴才，侯先生看来深得其精髓。我早听说你们学校的学生外语很不错，看来主要是勤奋刻苦的原因，这我就明白了。"

不久，为了表示省府对教育工作的重视，陈仪亲自在家里招待侯宗濂，两人相谈甚欢。陈仪笑道："侯先生，您的医学成就和办学上的勤苦连我的夫人都很钦佩，她还决定要为您敬上一杯酒以表感谢。"不一时，门外进来一位年轻夫人，很是漂亮，是名日本女人，见到侯宗濂，即用日语和侯宗濂打了招呼，侯宗濂于是也用日语回答。陈仪的夫人很喜欢中国医学，在席间表示了对侯宗濂学术的仰慕之意，并为二人斟酒。

侯宗濂主政下的福建医学院师生还积极参加了福建的战地救护工作。当时日机曾经多次猛烈轰炸永安、沙县等地，造成人员的死伤，侯宗濂发表《告全校师生书》，痛斥日本侵略者的野蛮暴行，号召师生团结一致，用学习和实践来支援抗日斗争。福医师生在他的带领下，不畏强暴，积极组织战地救护队，救死扶伤，在战火烽烟中更坚定了抗敌决心与爱国激情。福医学生的抗日宣传演出等，也曾得到侯宗濂的大力支持，福医师生自编自排巴金的名作《家》，邀请王莹来闽演出抗日话剧《放下你的鞭子》等。当剧组找到侯宗濂，侯宗濂非常慷慨地应允他们去展开宣传工作。

医学院的各科也经常为当地民众举办各种类型的医学科普展览。在一次生理学知识科普展览中，侯宗濂亲自负责讲解一套用任氏液灌注离体蟾蜍心脏使之长时间

第六章 应邀南下 筹建福医培育人才

维持跳动的装置。参观者对此十分好奇,问长问短者络绎不绝。

在1944年,福建医学院校庆5周年时,侯宗濂还主持编印了纪念论文集予以发表。他在序言中说:"兹值日寇侵掠我国,涂炭万千民众之时,国府号召大家众志成城,精诚团结。国民革命军在前线与敌浴血奋战,百姓为驱逐日寇在家倾其全力,吾辈既为知识分子,本是赢弱之躯,难拿刀枪上前与敌搏杀,但战争时期,本属特殊岁月,如我辈不坚守自己岗位,惶惶于国破之危局,而浑浑噩噩度日,则实属失职之大罪过。欲图我中华民族之伟大复兴,虽抗战救国为当前第一要务,但必须树立与英美列强展开长期竞争之准备。国与国之竞争,虽在军事,虽在政治,实在实力,实在科技,我们不能以战争为理由,荒废我刚刚起步之科技研发。我虽未在与日敌争夺的战火纷飞的前线,不曾流血,但却置身于长期与世界潮流争夺前沿之要冲,自当流汗也。"

论文集系统总结福建医学院在这段特殊岁月中的各项科研成果,为福建医学院的第一个阶段的科研做了很好的总结。

在福建期间,侯宗濂还曾经担任福建研究院院长一年。福建研究院隶属于中央研究院(Academia Sinica),中研院是中华民国最高的学术研究机关,任务包括人文及科学研究，指导、联络及奖励学术研究，培养高级学术研究人才。中央研究院于1928年在南京成立，第一任院长是蔡元培，此时的总院长是朱家骅。福建研究院是中研院的福建分支，是为了有效整合和评估福建省的科学学术工作。侯宗濂得以出任院长，正在于他对医学科学研究的高水平和良好的学术口碑。

侯宗濂不仅为福建医学院的创建呕心沥血，更重要的是他非常关怀学生的健康成长，当时同学"几爱戴之如慈母"。侯宗濂支持学校中的爱国救亡运动，尤其是他在担任校长时期，对于中国共产党的创建和发展采取了各种掩护和支持的有利措施。

侯宗濂非常推崇蔡元培先生对北大的治理经验，因此他在行政领导时期基本上是允许学生自由组织学生会、提倡言论自由的。由于他的开放和包容政策，早在1939年的1月，福医学生庄子长、庄劲、姚明珠、林建神等已经组建了中共在福建医学院的地下组织，而庄子长、庄劲是当时福医的两个"学生头"，他们一呼百应，很有些号召力。两庄时常鼓动学生，宣传组织，希望能够发动群众，投身于抗战。他们还创建敌后后援会的学生宣传队，有一次他们骑毛驴到闽南、莆田等地许多乡镇宣传抗战政策，历时2个多月才返校复课。

这些活动并不隐秘，甚至还有些高调，但侯宗濂一

第六章 应邀南下 筹建福医培育人才

直对他们采取默认态度。有一回，军警跑到学校来调查此事，一名宪兵头目质问侯宗濂为何对学生中的这种亲共现象置之不理，侯宗濂很生气地回答他们："学校不是像你们的衙门，这里是教书育人的机构，蒋委员长要求大家团结抗日，学生这是一种积极的响应态度，如果打压，不是要凉了民众的爱国心。至于信仰，那是个人自由的事情，我不好管。"

当时爱国学生为了宣传抗战，需要大量的印刷品，侯宗濂知道后，亲自从自己微薄的薪水中拿出一部分给予支援。另外，还专门派人员翻山越岭到数十公里之外的沙县夏茂去购买毛边纸，买到学校由学生自己印制宣传品。

当时在学校每周的例行集会上，侯宗濂也总是允许学生上台宣讲抗日，有些激进的学生说到动情处就猛烈攻击国民政府，侯先生对此也不加制止。他还常对师生说："民国政府，既然宣称三民主义，就是要大度的，孙中山先生要求实现民族独立，民生幸福，民权申张，是多么美好的政治理想，蒋委员长是孙先生的学生，更应该在这些方面为国家而奋斗。学生年轻不懂事，做错了一些事情，说错了话，还是要原谅的。再说，学生的批评，总是站在关心政府的立场，如果他不批评你了，那这个政府还有什么希望可言！"

侯宗濂顶住了政治上的沉重压力,因此福建医学院的民主空气在当时的高校中相对较好。

1940年5月,福建医学院的党组织组织学生开展反迫害、反奴化斗争,反对国民党军统特务控制下的学生会,反对反动教官任意开除学生。侯宗濂秉持"兼容并蓄,思想自由"的方针,坚持"教育者,养成人格之事业也",任由学生发表个人意见。

当1941年1月,福医党支部按上级党组织指示,支部书记和4名支委撤退至省委机关驻地崇安县坑口乡途中,不幸被捕,关押在三明梅列青年训导营中。事件传到学校,全校师生议论纷纷,一些保守师生得到当局的默许要求学校开除这些"捣乱分子"。但是,侯宗濂不为所动。

一方面,他安抚学生中的害怕和激奋思想。他在全校学生大会上发表讲话说:"本来我也认为,学生的本职工作就是学习,但是当前国难当头,我们也不能对民族之危难置之不理,所谓'风声雨声读书声声声入耳,家事国事天下事事事关心',组建学生爱国组织并不犯法,况且是激情澎湃的年轻人,在斗争中出格的事情在所难免,还是要以教育感化为主。"

另一方面,侯宗濂亲自出面跑到监狱,申请保释这些学生出狱。他对警察司长说,这件事"只可归罪校长

第六章 应邀南下 筹建福医培育人才

失察之罪,不得罪及学生一人"。警察司本不愿放人,但是鉴于侯宗濂在福建教育界的崇高地位,于是提出可以交保,但是必须让这些学生每人写一份悔过书。这些学生虽在狱中,却仍坚强而倔强,不肯低头认罪,于是两方僵持不下。警察司长也被惹火,要求侯宗濂不要再插手此事,但侯宗濂并不惧怕军警的暴力恐吓,而是诚恳而又坚定地回道:"学生大多激情澎湃,面对国破家亡的时局,加入激进的共产组织,实受蛊惑宣传。如今仅以学生不写悔过书,就予以继续扣押,恐措置太重。省府要严惩学生,只会伤大众爱国之心,此本应以劝导为主。如今不妨让学生出狱,不写书面悔过书,而改以口头认错,我以自己的人格担保,让这些学生以后不再继续言辞批评省府的行政抗日工作。如在这一问题上举措过暴,恐失去民心。"侯宗濂并且给陈仪打了电话,为学生求情,最终营救出了这些学生党员。

他们出狱以后,作为校长的侯宗濂并没有责怪学生无事生非,而是对这件事不再提起,只关心他们的生活起居,并且私下叮嘱他们以后干这种工作不要太暴露了,要注意人身安全,也就是所谓的斗争也要讲究艺术。

据说,侯宗濂对福建医学院怀有很深的感情,他喜欢沿着学校的道路散步,有时还爬上学校后面的小山坡,坐在草丛里和同事们聊到深夜,蟋蟀在身旁一声一声地唱，萤火虫绕着他们一闪一闪地飞，熄灯的钟声响了，他和同事们才缓缓走回。这段日子无疑是艰苦而又惬意的。

著名词曲作家、国立音专校长卢前曾在临时省会永安创作了不朽的"永安秋夜"，风靡一时，侯宗濂在福建期间一直比较喜欢吟诵其中的一首：

燕溪水，缓缓流，永安城外十分秋。月如钩，钩起心头多少愁！

潮生又潮落，下渡照孤舟。吹南管，长夜何漫漫，有人正倚栏。

明月好，好月供谁看？一笑回头问吉山，山中流水几时还？潇潇落叶袖生寒。山不语，水向东流去，东流去，写出愁人句。愁人句，今宵却没安排处。

在这种紧张而又温馨的日子里，也日益潜藏着一种人事危机。由于福建省的长官陈仪曾经留学日本，夫人也是日本女子，医学院主事的侯宗濂是日本培养出来的，又在德奥两国接受过严格的进修深造，因此都被理所当然地视为亲日派。而在教育界，还有一个英美派，也就是留学英美回国的海归精英，他们在教学思路和教育理念上是有所差别的。当时的福建医学院，由于侯宗濂主事的缘故,所聘请来的教授多为满洲医科大学和北平医大毕业的教授,不少是他在两校中的熟人和朋友。因为德日派位居主流,学校主要专业授课均用德文、日文名词,而不大使用英文,这一点是有些问题的。

1939年来执教的王成发教授是著名学者陈学俊的老师,他毕业于沈阳盛京医学院而进修于北平协和医学院,他在这里授课则一直使用英文名词,这种情况甚至成为当时福建医学院的一景。

福建医学院的大部分学生中学时期外语是英文,因此一方面学生的外语水平都因为要求严格而相对提高,另一方面,上课中师生语言脱节现象却也大量存在。侯宗濂虽然很早就注意到这个问题,但是由于日理万机,他秉持的"教授治校"毕竟都是讲究有个性的方针并且坚持如一,加之战时时期,外部人才资源有限等种种制约因素,学校的行政管理很难对教授个人的授课进行有效约束,这种日德风潮渐成为学校的一种常态。

由于德日是第二次世界大战的轴心国,尤其是太平洋战争爆发后,美国成为中国的主要盟友,英语作为交流工具的作用日益显得重要。一些狭隘的爱国主义情怀逐渐充溢在国内,医学界英美派取代德日派遂成为一股涌动的暗流。因此到1944年,伴随着德日轴心国在战争中的节节败退,部分福医师生趁机开展所谓的"驱侯"运动也就愈演愈烈了。

这些人言辞激烈地批判说:"侯宗濂是日本帝国主义扶植的满洲医学院毕业的所谓高才生,而该校是日本侵略中国的医学基地,我们中国的学校怎么能够使用日本的代理人来进行建设呢。这不是汉奸行为是什么?"

这种论调遭到了学校中一部分维持正义的老师的反对,他们认为侯宗濂虽是日本帝国培养的人才,但是并非是日本皇国分子,而是爱国和严谨认真的学术专家,怎么能够乱扣政治帽子呢?

双方互不相让,因此逐渐形成了"挺侯"和"倒侯"两派,时有课堂事件发生。受到日本帝国在战场上节节失败的大气候影响,学校中一度还出现了"倒侯"派众多学生的罢课情形。侯先生深为学生中的这种情绪痛心,思虑良久,最终决定主动请辞以化解学校的工作矛盾。

他在给福建长官陈仪的请辞信中谈道:"我赴闽之心本在于防疫,而为永年兄所邀约转为办学他途。自忖行政原非自身所长,本意更不在此,但因陈长官厚意,盛情难却之下,为闽之医学事业励耕数年,难称成效显著,也算勤勉而尽力。不想因敌寇之学历背景,而致师生所嫌隙,殊为憾事。"

侯宗濂在为自己惋惜之余,也寄希望于陈仪能够继

第六章　应邀南下　筹建福医培育人才

续建设好福建医学院，他接着说："医学本为科学之术，不可为行政所扰，今履任新职之同志，当以学科建设为发端，兢兢勤勉，奋发而有为，以让福建医学不致颓废而得旗鼓重振也。"

这些言语无不表现了侯宗濂对福建医学院的殷殷深情。

有当年参与"驱侯"的校友，回忆说："同学们当时都十分崇敬侯宗濂老师，'驱侯'运动是狭隘的爱国情绪下的头脑发热行为，这不仅对侯老师造成了心理上的困扰，也给福医带来了重大的损失。"言词中的遗憾之情表露无遗，20世纪80年代初，该生已身患重病，还曾给侯宗濂写信，表达早年对侯宗濂的师道高风的景仰与思念，并希望侯宗濂有机会能来今日的福建医学院看看。侯宗濂也回复信件，表达对他早年创办福医怀有深切的感情，对早期的办学同仁与带过的学生也十分怀念，只是因为年事已高，可能无法赴闽旧地重游了，侯宗濂并附80岁生日照一张给这名昔日的学生，希望他保重身体。今日福建医学院的原址虽然早已被日机轰炸夷为废墟，但是侯先生的师道高风却得以永存于世。

第七章 西北赴任 肩负重担艰苦创业

1944年3月，对侯宗濂来说，是一段阴郁的时光。在福建医学院"倒侯"风潮之后，侯先生的情绪颇为低落，不久又向陈仪请辞福建研究院院长职务，因陈仪当时在台湾考察，于是专门派人前来挽留。但是侯宗濂伤感地告诉陈："这次师生闹事，给省府造成很大困扰，如继续由我肩负此等重责，恐陈长官为难。研究院历来选用资高望重之学者专家，维系一省科学研究之命脉，而我忝列此位，本只为帮忙，舒缓陈长官之急迫，如同燕昭王求士之首先礼贤下士于郭隗，等得大贤乐毅到来，自然郭隗退位。做了一阵子陈长官的'郭隗'，福建研究院如今走入正轨，人才望风而来，我之任务即可说已经功德圆满，还是辞去职务，恢复教师之身份，落得一身轻松的好些。"

陈仪来电百般挽留，但是见侯宗濂辞意已决，只得

第七章　西北赴任　肩负重担艰苦创业

同意。

卸下职务以后，侯宗濂仍在学校居住，他和几个朋友一起爬上学校的后山坡，每日里用心钻研试验，似乎一切如常。师弟杨永年对他的事情还是很上心，打电话给他说："侯兄，是我请你来的，总不能我把你扔下就不管吧。"侯宗濂笑道："这不正好，不过是原来在北平当教授，现在跑到福建来了，教书育人本就是我人生的理想。这样单纯的生活不是很好吗？"

杨永年见他心态甚好，也就放下心来。

但是所谓"山重水复疑无路，柳暗花明又一村"，当时的政府教育部长是陈立夫，陈立夫是留学美国的，颇有教育远见，他认为侯宗濂人才难得，如今"黄钟毁弃，瓦缶雷鸣，实在是战时教育之痛"，"教育乃是百年建国大计，岂可荒废侯氏如此的精妙人才？"于是一纸调令，让侯宗濂先生由福建到西安汉中去接任当时的西北医学院院长。

消息传来，福建医学院的"挺侯派"一片惋惜之声。不少人相继来到侯宗濂的家中予以挽留，但是最终见侯先生去意已决，大家说什么也没有用了。

侯宗濂之所以愿意到西北医学院工作，主要的原因是当时该校的骨干很多是他当年在北平大学医学院的同门弟子和熟悉的同事。

另一个原因，虽然他和陈仪等福建主政者相处融洽，但是自从"倒侯"风潮以后，侯宗濂颇有些落寞的情绪，如今教育部调任履新，正好换个环境，也是一件美事。

从福建到陕西的汉中，是从南方的大城市到西北一个山野小城，一般人是带有不满的情绪的，侯宗濂却觉得有一些轻松。离开他一手创办的福建医学院，虽然是有几分不舍得，但想到西安汉中的师生不少都是原来北平医学院的，条件是艰苦了一些，但心理上自然感觉有更多的暖意。

在抗日战争时期，汉中为战时后方重镇，陪都重庆的北面屏障，地位是很重要的。

侯宗濂曾经回忆说："中央让我转调西北医学院的消息传来，我很高兴了一阵子。我知道，这所学校都是我的熟人，我这个人性格有些内向，能到那里，见到他们，的确是令人开心的事情。"

抗战伊始，"卢沟桥事变"时正值暑假，北平大学医学院的同学大部分已经回家，因为事变仓促，留在学校的部分同学和北京大学一起组织了联合救护队，把北京大学三院作为当时的伤兵医院，夜以继日地救治伤员。然而，由于军事力量的悬殊，北平于7月28日沦陷以后，国民政府于是决定把国立北平大学、北平师范

第七章 西北赴任 肩负重担艰苦创业

大学和北洋工学院等迁往西安，并于1937年9月在西安组织了国立西安临时大学。西安临时大学成立的消息传到北平的时候，医学院时任院长吴祥凤便召集留在学校的教授在石驸马大街开了一个教授会，请大家发表意见，愿去西安的签名，不愿去的也不勉强。在会上，吴祥凤、王晨、蹇先器等人当场签名，然后便一起到天津乘轮船前往青岛，再换车去了西安，通过其他途径辗转去西安的教授和教员先后还有徐佐夏、林幾、毛鸿志、郭可大、徐幼慧、历霸华、贾淑荣等。大部分返回故乡的学生也有30多人收到了西安临时大学发来的复学通知，便三三两两，或绕道上海、南京、长沙，或绕道贵阳、成都，再越秦岭，历时数月，几经艰辛。先后到达西安的有史克宪、霍炳伟、徐世豪、王兆麟、陈向志、李景颐、刘锡衡、郭仓、柳楹、刘承志、谢荣晋等。在西安，临时大学医学院的院址一度设在西安城的旧城隍庙里，并利用部分民房作为教室。当时学校发给学生的津贴极少，生活非常困难，同学们便组织了医疗服务队，为群众看病，收些费用以维持生活。这时学校还谈不上上课。

1938年的春天，日本飞机频频轰炸西安，临时大学在这里难以安身。3月，临时大学便组织起来，往西过宝鸡，再向南越秦岭，出褒谷，步行数百里到达汉中，在这次行动中，临时大学医学院组织了南下宣传队，一路上进行抗日宣传，并随时为群众看病，受到沿途群众的热烈欢迎，产生了积极的社会影响。

有当事者撰文回忆："翻越秦岭时，适值雨后未晴，道路泥泞，行步艰难。酒奠梁到柴关岭一段，道路更为难行，汽车在公路上像蜗牛一样爬行，十分迟缓，还没有人步行的速度快，常常会发生人与经过的汽车争路的现象。为节省体力，不少学生抄小道而行，一路奔跑，一路说笑，全没了奔波的疲惫和流亡的消沉。"

医学院遂设在汉中（现南郑县）。以汉中联立中学为基地，借了几间教室，又在中学附近租了几所民房做学生宿舍。不久，学校就在这样简陋的条件下开了课。这时，吴祥凤院长已辞职离去，由寨先器教授任院长。医学院不久改名为国立西北联合大学医学院。1938年5月2日，医学院又借南郑卫生院建立了附属诊所并开学上课。从此开始正式建置。诊所成立后，当时有职工34人，其中医师10人（内科2人，外科2人，妇产科2人，儿科2人，耳鼻喉科1人，皮肤科1人），护士4人（护理主任1人，护士长2人，护士1人），助产士1人，调剂3人，化验1人，行政人员3人，挂号、会计、事务各1人，工人、炊事员8人。后因敌机轰炸破坏，医学院乃于1939年初将原附属诊所迁往城东郊15

第七章 西北赴任 肩负重担艰苦创业

里的文家庙并更名为附属医院。1939年8月，随医学院改名为国立西北医学院附属医院。1944年5月因战争环境，学院本部搬到了原附属医院院址——文家庙。一直在此待到1946年的8月。

在汉中的八年期间，西北医学院的医务人员饱受国破家亡之苦，为生活所迫，大多颠沛流离，进出也比较频繁，总体人员流动性较大。教职工总数在1939年时仅有28人，医生则仅有7人。由于当时师生均租赁、散居于附近民居，每日诊病、上课也极为不便。

当时日常生活及教学、医疗用品缺乏，诊疗照明只能借用蜡烛。有校友后来回忆说："故每当开饭前，职教员学生多已持箸碗环立鹄候，迨伙夫一声报熟，启锅分盛，无不食之津津有味，有外籍沙博格、克顿二人亦厕入分取，享受一日辛劳之酬报。"

侯宗濂从福建出发后，几经辗转，最终于1944年的7月份到任，他受到了西北医学院全校师生的热烈欢迎。

侯宗濂吸取在福建医学院用人过窄的问题，他在第一次校务会议上讲到西北医学院要不拘一格地吸纳人才。

当时的一个同事记得侯宗濂曾经对大家说："泰山不让细壤，故能成其大，江河不择细流，故能就其深，西北医学院是在这里白手起家，更要有博大的胸襟。汉中虽然是个小地方，但是刘邦当年就是从这里出发成就大事的。"

侯宗濂不是光用嘴说说，而是确实这样做的。他接任校长后，到处搜罗人才，不分派别，对留学英、美、日、德的人兼收并蓄，关怀备至，而且不限于高校教育系统，不限资历，甚至聘请到在当地开业的一些医生。当时正值日寇进攻贵州，南方一些学校的教员大多流散到重庆，侯宗濂借此机会又广发英雄帖，请到了多位专家，充实了学校的教学阵容。如眼科教授陈学穆，皮肤科教授赵清华，耳鼻喉科教授杨其昌，内科教授李宝田、陈阅明，外科教授董克恩、万福恩等，都是一时的俊秀。

时人回忆，学校当时面临的是教学条件的简陋。学校一迁再迁，颠沛不堪。当时，许多图书和教学仪器未能顺利内迁，或损坏散失，却又无力及时补充和添置。例如，学校图书馆刚开馆时只有2000多册图书，师生平均每人只有一本书。"书太贵了，每晚要到图书馆去抢看参考书，许多人在门口等着开门，门一开大家就拼命挤，人小力小的就这么被挤出挤进后才被人推了进去。一进门又得眼快腿快地抢座位，放好书包又得挤到台前抢书。听课则人多座少，也得抢……"

在汉中，虽然医疗科研设备大多缺乏，但是由于侯

第七章 西北赴任 肩负重担艰苦创业

宗濂的多方奔走，采购器材，在当时艰苦的条件下，外科依然能够开展阑尾切除、疝气修补术及前额叶离断治疗精神分裂症，眼科也可进行一般外眼手术，耳鼻喉科可进行扁桃体摘除，妇产科可进行新法接生等较有难度的手术，在当地民众中也产生了良好的口碑。

当时侯宗濂不少学生也到达汉中，一见之下亲切如故。为了整合资源，侯宗濂把学校的生理科与药理科合在一起，自己依然坚持在科研一线。由于自己的行政工作繁忙，生理学则由方怀时副教授（借聘）担任负责人。方怀时毕业于浙江省立医专学校，时年30岁左右，侯宗濂不按资排辈，方怀时被侯先生委以重任。

根据该校教师李佩林的回忆，1944年夏天，西北医学院刚刚闹完学潮，他千辛万苦来到汉中，因为生理学系缺老师，恰好他和侯宗濂相识很早，因此他被聘为教授，待遇虽然低，但和同期的其他高校相比还算好些。

有些老专家对这种大胆破格甚有微词，侯宗濂告诉他们："西北医学院的用人不再以资历划分，而以能力考察为第一要务。方先生虽然年轻，但是科研具备潜力。不拘一格降人才，就如同当年名不见经传的韩信被刘邦拜将一样，才是其事业腾飞的重要基础。"

初来汉中这个偏僻的地方，没有电灯，没有自来水，一切物质享受均谈不到。可是侯宗濂到任后，很快解决了这些基本问题,他多次给师生谈道:"西北医学院草创,又逢日寇侵略,国事日艰,但事情还是要做的,而且要有些誓不罢休的精神。大家既然走到了这里,就要共同努力,发扬我们能吃苦、有朝气的精神,来领导西北的教育。"

他不止一次地给老师们谈道:"从烽火弥漫的沦陷区辗转来此的学生,有家,却失去了音讯;有国,国家正在苦难中备受煎熬!因为苦难,他们更需要了解所处的时代和自己应该承担的使命。即使半饿着肚子,即使穿着破衣烂裤,即使夜间用以照明的只有气味难闻、半明半暗的土蜡,作为教师,还应该坚守岗位,相信国家总有驱除鞑虏的一天到来。在这样黎明前的黑暗之中,我们应该兢兢业业地讲课、做学问,不能愧对这个特殊的时代。"

他做事毫无行政官僚气息,多次参加手术和临床诊治,并且给病患耐心讲解,做细致的心理疏导,态度和蔼。

一次,有一位病患得了急性病,家属抬进来的时候大呼小叫,非常着急,侯宗濂正好撞见,于是赶紧亲自施行救助手术。在一旁的家属不停叫骂着几个医生,要求他们的院长出来,说是要告医生水平太差之过。话是越说越难听,护士和助手都有些忍不住了,侯宗濂却仍

第七章　西北赴任　肩负重担艰苦创业

若无其事地只顾急救，并且态度亲切如常。等这个病患脱离危险，家属情绪稳定以后，又改成对医生满口感谢之词，一问方知，主治医生就是他们口口声声扬言要见的侯院长，这几个家属不由甚为惶恐。助手气愤不过，说了几句怨言，侯宗濂却笑着道："病患危重，家属急迫之下多有极端行为，毫不足怪，医生要有一份忍辱负重之心。"这名病患家属听说此事以后，感慨地说："侯院长确实是高风亮节，是名好医生。"

在这几年之中，由侯宗濂亲自参与治疗的病人不计其数，其中还有不少抗战志士。

有一位战士因为打击鬼子在战斗中被炸断了腿，送到西北医学院以后，极度绝望，拒绝各种施救措施，甚至乱骂护士，乱砸医院的东西，不停换看护的护士，也无可奈何，战士只是每天躺在床上哭泣。

侯宗濂知道后，并没有对这名病患置之不理，而是亲自出马，带来不少慰问品对其进行心理的疏导，用《钢铁是怎样炼成的》的作家奥斯特洛夫斯基的人生事迹勉励他，并且亲自为这名战士调配药物，并用勺子喂，最终这名战士愿意接受治疗。该战士多年后，不无感慨地谈到侯宗濂时说："当年正是侯院长给了我人生的第二次生命。"

侯宗濂当时在医学界已有较高的声望，加之他心胸开阔，能容纳反对自己而有真才实学的人，因此在西北医学院受到大家的普遍拥戴。

就在这样的环境里，侯宗濂在百忙之中还承担了药理学的教学工作。两台旧的记纹鼓是当时生理、药理实验室的唯一记录仪，在这样简陋的条件下，侯宗濂指导多名学生开展了鹿寿草的科研工作，与方怀时等合作完成了"关于鹿寿草的生理作用"的研究，这也是医学院建院以来所圆满完成的第一篇研究论文。在汉中期间，侯宗濂一共培养学生数十人，他总是抽出时间为学生授课，甚至利用夜晚，希冀不因自己的行政繁忙耽误学生的学业。

由于很少能看到全国性的报刊，消息十分闭塞。学生们学习主要靠课堂笔记，课后参加读书会等社团组织来充实学习内容。

侯宗濂到校以后，积极外引内联，为克服困难，因陋就简，改善教学条件，继续坚持各种教育。此外，他鼓励学校师生成立了各种戏剧社团组织，自发自创自演。话剧团、京剧团、秦腔剧团都如雨后春笋般涌现，学生组织人才济济，经常在汉中当地排练演出，水平也还不低。这在战时的状态下，为活跃极为贫乏的山区文化生活起到了重要作用。

学生多数来自华北、东北、华中等沦陷区，主要靠

第七章 西北赴任 肩负重担艰苦创业

微薄的贷金和公费来维持极低的学习生活。公费比例是极低的,绝大多数学生是靠贷金维持学习生活,艰难完成学业。为此,侯宗濂身先士卒,从自己日常做起,生活非常节俭。

他的办公室一度就设在庙宇、教堂、祠堂和破旧的公房内,白天是教室,晚上打上地铺,就是学生们的宿舍。即使后来全校设法改建了部分宿舍,但也是十几个人甚至几十个人合住的大通间。而学校的师生,无论男女都是一袭蓝布长衫,天冷时,在外边加一件姜黄色的棉袄。每天早上打稀饭就是一场"战斗",经常有同学在争抢稀饭时将头上的帽子掉进饭桶。饭厅里只有桌子而没有椅子,菜是煮的而不是炒的,白菜、萝卜、豆腐……连汤带菜的一小盆,八个人围着站成一圈。有的男生因为馒头不够吃,便在开饭前去女生的桌子上"借",结果不幸被女生擒获,惨遭"修理"。侯宗濂也经常和学生一起打饭,他维持打饭秩序,只有当学生和教师基本都吃上饭以后,他才开始吃。

当时的西北医学院虽然日子艰苦异常,但是却朝气蓬勃,大家不以为苦,反而苦中作乐。在那外侮与内争并列的年代,艰难困苦,玉汝于成。在这种困难条件下,侯宗濂领导学校仍然坚持正常授课秩序,而且经过他的提议,学校还特别制定了与抗战有关的课程,如军事、政治、救护技术等课外训练。

侯宗濂为了鼓舞人心，每个星期还邀请各界知名人士来给医学院的学生演讲，介绍抗战形势，鼓舞学生的学习和生活。侯宗濂常说："在抗战期间最高学府学生应如何救国？不一定非拿枪杆子上前线去才是救国，我们在后方研究科学，增强抗战的力量，救助抗战受伤的群众战士，也一样是救国。""人在这个时期，生活条件是苦点，但是必须有些精神头，不能浑浑噩噩，而应该克服不利条件，有所作为，有所承担。"

他曾多次和同事晚上打着灯巡视学校宿舍，等大家都休息了，他才和衣而卧。

侯宗濂非常关心学生的思想情况，为此专门在学校设立心理信箱，开设学生诉苦、教师谈话课程，有效地解决了战时学生心理的波动问题。并且下大力气改善学生的伙食，到1945年春，学校的伙食早餐是豆浆、油条，午餐和晚餐是炒菜加汤，且荤菜不断，甚至引起了汉中其他院校学生的嫉妒。

以致有学生说侯宗濂是当时汉中的"一座进步自由的灯塔，使在暗夜海上的船舶有所归往，不致湮没于风涛之中"。

1945年5月初，侯宗濂在汉中时，听说轴心国意大利的法西斯头目墨索里尼被游击队俘获并处决。不久，

第七章 西北赴任 肩负重担艰苦创业

又传来了希特勒自杀和苏联军队攻克柏林的消息。这时，侯宗濂已经确信，最后的一个轴心国法西斯日本也是兔子的尾巴——长不了了。

1945年8月15日，这一天对中国人来说，是一个值得永远纪念的大日子，近代以来，中国人终于取得了反抗外来侵略的第一次彻底的伟大胜利。

抗战胜利的消息传来，举国人民一片欢腾。正所谓"剑外忽传收蓟北，初闻涕泪满衣裳。却看妻子愁何在，漫卷诗书喜欲狂。白日放歌须纵酒，青春作伴好还乡。即从巴峡穿巫峡，便下襄阳向洛阳"。西北医学院全体师生，在侯宗濂带领下，彻夜举行欢庆活动，大家不约而同地大放炮仗，欢呼雀跃，热烈庆祝，侯宗濂还在欢庆的火把中，带头唱起来跳起来，每个人都流淌着激动的泪水。

西北医学院终于摆脱了艰苦的办学环境，迎来了一个和煦的黎明。抗战刚结束，当时学校师生普遍认为应该回北平去重建校园，抗战胜利的次日，《大公报》就发表消息表达了这种舆论："教育复员首为大学之迁回，教育之振兴重在于此。"侯先生也持这样的想法，但一纸命令却让他陷入了两难的境地。

当时国民政府有着另外的战略考量，教育部长朱家骅早在抗战中期的1941年的10月12日，就在《西北建设问题与科学化运动》一文中明确鼓动科学工作者要"到西北去开辟一个科学的新天地","建设西北是民族复兴、实现民众自信的必要环节"。他的这些理论,代表了国民政府的看法,从发展的眼光看,明显是正确的。

抗战刚刚胜利,国民政府对西北的开发与建设也迫切地提上了议事日程。人才战略和高校的合理布局也是政府必须首先考虑的问题,基于北平医科大学在伪满时期在原址也有着一些根基,而迁往汉中的西北医学院也颇具规模,因此,教育部最终决定让西北医学院就在西北扎根。为了应对师生返回北平的强烈愿望,教育部以"教育合理分布能在这次复员中实现","西北教育事业为国家民族教育问题之中心"为理由一直置之不理。

1945年11月30日,教育部长朱家骅在重庆举行记者招待会郑重表示:"因西北医学院战时远迁陕西,为西北发展大计,该院将留于西北,服务西北建设。"朱家骅并给侯宗濂手书,希望他能够为国家之建国大计考虑。

国民政府借口甄审,一直拖着不让学校迁回。为了让大家安心于西北,政府随即任命侯宗濂继续出任西北医学院院长,把这个烫手的山芋扔给了侯宗濂。

消息传来,不少师生都很矛盾,有的学生甚至准备卷铺盖离校回京,因为在汉中的岁月过于艰苦,大家普

第七章 西北赴任 肩负重担艰苦创业

遍对教育部的规定有些抵触情绪。当时，侯宗濂因心力交瘁，正在卧榻休养。

学生的这种情绪发生变化时，侯宗濂不顾自己的身体，专门对全校师生发表了《扎根西北，就是服务国家》的演讲。侯宗濂动情地说：

"我是东北人，自幼对于西北就是陌生的，但是我知道这里是国家的重要地区，不可放弃，尤其是这里的医疗条件很差，各位老师和同学的生活不好，待遇也不好，但是我们难道都要去大城市，去北平才能实现救死扶伤的理想吗？我看未必，我们古人有句话：'位卑未敢忘忧国。'现在国家抗战刚刚胜利，祖国的建设事业才刚刚起步，我们不能有情绪，要认真扎实地做好自己的本职工作。留在西北，是奉献国家，留在这里，挥洒青春。我知道很多人在这里还有些水土不服，但是我们就是祖国医学事业的拓荒者。"

同学们看到自己尊敬的校长带头拥护中央的决定，也很快不闹了。1946年5月，教育部命令将原国立西北医学院汉中部分，自1946年度起并入西北大学，改称为西北大学医学院。

到该年的8月份，西北医学院基本搬到了西安。学院有教师62人，附设医院有病床80张。侯宗濂来到了古城西安，继续着他的医学教育生涯。

虽然抗战胜利了，但是国共的内战阴霾却挥之不去，侯宗濂痛心于这种混沌的政局，曾经对学生贾国藩说："现在全国人民都期望和平，谁敢发动内战，谁就是人民的公敌。"

当重庆谈判开始的时候，侯宗濂在学校发动学生游行请愿支持谈判解决国事。他也曾对这次和谈寄予很高的希望，他的助手曾经听他满怀深情地倾诉："如果从此两党能够亲密合作，不打仗了，中国安宁了，那将是天大的喜事啊！"

但是1946年6月，政府军以突然袭击手段，进攻中共在中原地区的一个集结部队，全面内战遂告爆发。这件事情对侯宗濂的打击很大，他时常喃喃自语地说："怎么能够这样呢，怎么能够这样呢，这太不像话了。"

解放战争时期，西安一直是"西北王"胡宗南的天下，胡宗南虽是个军人，却也颇为重视人才建设。

他知道侯宗濂教授是难得的教育科研人才，多次在军务繁忙间隙电令嘉奖侯先生的教育成绩。

在内战正酣之际，胡宗南一度占领了中共当时的首府延安，西安城里也多次进行肃党活动，尤其对于高校的动向，省府一直保持着高度的警戒状态。由于侯宗濂的民主治校模式，医学院内部的地下党组织也比较活跃，因此是宪兵机构重点盯防的对象。1947年年底，侯

第七章 西北赴任 肩负重担艰苦创业

宗濂被邀请参加省府组织的知名人士座谈会，胡宗南在会上大谈"戡乱"必胜，轮到侯宗濂讲话时，他愤怒却又巧妙地问胡："胡长官，你们军方动辄以'戡乱'为名乱抓拘留学生，致使很多学校的正常工作难以展开，这怕是不符合委员长对教育的期望啊！"弄得胡宗南一时语塞，表示一定要稳定教育，对学生采用较为温和的手段。

当时西北大学医学院的拨款时常被一些腐败分子克扣，教育界的人也多是敢怒而不敢言，西北大学医学院的财政也因战时而相对紧张。

有一次，胡宗南来西北大学医学院视察教育工作，侯宗濂陪着他转了一会儿，结果走到半路上，胡宗南看见学校里面有个碑子上写着"仰止"，于是好奇地问侯宗濂："侯院长，这是不是孔子《论语》中的'高山仰止，景行行止'的意思啊？"侯宗濂沉默了一会儿，笑着说："总司令，不是《论语》中的那个意思。现在我们的省政府，一有什么事，就发个公文。现在您想起来要抓教育了，就发公文给各部门，要求增加教育经费，比上年度增加一成，希望遵照一体执行。各部门再发文给各学校，说什么奉总司令多少多少号令，要求增加教育经费，比上年度要增加一成。但是这种管理模式，一直发到我这里，就停止了，口号喊得是很响亮，但是仅仅如此,所要转拨的银子却不见多少到账。所以我这里因此给立了个碑子叫'仰止'。"胡宗南听了,尴尬地打着哈哈,他回去后即刻命令手下亲信查查对陕西省教育系统的拨款情况,由此还揪出查办了几个腐败分子,胡宗南于是给侯宗濂发信说:"侯院长幽默机智,令我深为自己忽视教育民众的工作而汗颜,今特别批准重新审核教育预算,希冀先生能够秉持教育教化现代理念,为国家民族而不懈努力!"

侯宗濂不畏军事长官之强暴,秉笔直言:"胡总司令,如今战局吃紧,物价飞涨,民怨沸腾,学校的师生群情汹汹,皆是国府省府追求军事优先所致。地方大员纷纷以'戡乱'为托词,弹压民情民意,防民之口,甚于防川,恐非治国之长道。胡总司令深受蒋委员长器重,自当谋求我西北地区之长治久安,民众之幸福康实,不应仅以军事为一切工作之要务,而应着实于经济民生建设,更要有应对西北教育事业之总体筹划为妥。"

这份建议中肯坦白,可惜对当时权倾一时、忙于军事"戡乱"的胡宗南而言,虽然也深表认同,但是却没有引起他的足够行动。

这一时期,侯宗濂非常重视医学院中学生的全面发展工作,除规定章程要求学生完成课业外,还要求学生要有高尚的修养和健全的体魄。他多次在公开场合表

第七章 西北赴任 肩负重担艰苦创业

示:"现在我已无所求,只想要做培养国脉的工作,必须尽心尽力。"

他并对国民政府的腐败统治深恶痛绝,大力支持学生的进步社团活动。虽然国民政府教育部三令五申要求学校当局应加紧对进步学生的思想控制,胡宗南虽然也曾称赞侯宗濂治校严谨,但是另一方面胡还是要他立即开除所谓学校的"共党间谍学生","对共党之欺骗学生应持高度警醒",可侯宗濂本着良心做事,仍然公正开明地保护学生的合法权利不受损害。胡宗南当局对他也就有些无可奈何了。

因此,当时医学院里既有国民党的组织,也有中共的地下组织,各自活动,虽有龃龉,但未发生过明显的斗争,更无抓捕进步师生的情况明目张胆地发生。

1949年的春天,国内的政局发生了很大变化,以蒋介石为首的国民政府在内战中节节败退,为了适应蛰伏重庆、后迁台湾的战略意图,国民政府积极策划迁校运动。西安作为西北教育的领头羊,自然也是他们的重点筹划地区。

在西安解放前夕的一个下午,国民政府派遣西北大学的代理校长,来到了西北大学医学院。他们把学校的范谨之和马秉渊同志叫到办公室,要他们通知全院同学,要求到西北大学集中,让大家一同迁校到四川。这道命令是很强硬的，如果拒不执行，同学们的伙食费就会被停发。范谨之和马秉渊回来传达以后，同学们一下炸了锅，议论纷纷，大都不愿迁校，但是没人领头反对，不少教师也不敢公开对这道命令表示异议，大家都觉得很是无助。侯宗濂当时虽然还是院长，但因为被视为"共党之同情者"，加之身体确实很不好，正在"病休"，但是当他得知这个消息时，却旗帜鲜明地明确表态支持学生的反抗，并且告诉学生"你们做得对，就是不应当迁校，大家都不要同意。停发伙食费，那是吓唬人的，不要理它。不过你们要注意安全，要避一下，这几天最好不要露面。"侯宗濂不仅鼓励学生坚持立场，而且希望他们注意与敌斗争的方式，并不要他们去蛮干，因此保持了有礼有节，避免了无谓的牺牲。

虽然上面迁校的压力很大，但是侯宗濂却"罔顾左右而言他"，并没有向下传达迁校的"命令"，并且秘密嘱咐同事们要保护好学校的财产，迎接人民政府的早日到来。

随着中共领导的人民解放军在战场上的节节胜利，西北野战军步步逼近省城西安，这使当时的西北军政长官胡宗南坐卧不宁，惶惶不安。于是他草拟了准备撤退到重庆的人员名单，这份名单中尤其对科教界的代表非常重视，侯宗濂也位在其中。当在1949年5月份的时

第七章　西北赴任　肩负重担艰苦创业

候,陕西战事日紧,胡宗南知道在西北国民政府已经无力回天,于是派心腹到医院来接侯先生,来人明确告诉他:"侯院长,胡总司令准备撤退到成都,希望侯先生能够和我们一起走,在那边,我们重建学校,总有一天我们还会回来的。"侯先生告诉来人:"胡总司令战败了,可以带兵撤走,但是我和总司令不同,我是搞教育的,我个人可以走,但是这些学生走不了,我是学生的校长,因此我也是不能走的。"委婉拒绝了胡宗南的好意。

1949年5月20日,西安终于迎来了历史性的一天,当解放军浩浩荡荡开进西安的时候,侯宗濂就站在欢迎队伍的前列,迎接解放军入城。大家在锣鼓喧天的气氛中,都无比的激动。侯宗濂压抑许久的情绪终于得到了释放,也带头扭了起来:

> 解放区的天是明朗的天,
> 解放区的人民好喜欢,
> 民主政府爱人民呀,
> 共产党的恩情说不完。
> 呀呼嗨嗨,一个呀嗨,
> 呀呼嗨呼嗨,呀呼嗨嗨嗨,
> 呀呼嗨嗨一个呀嗨。

在西安刚刚解放的日子里,由于侯宗濂在医学界的崇高威望,周恩来总理亲自发电邀请他出席首届全国政协会议,这对一位医学家来说是一种莫大的荣誉。

众所周知,首届全国政协会议是在 1949 年 9 月召开的,会议选举产生了新中国的最高领导人,在当时人民代表大会制度还没有建立的情况下,这次政协会议通过的《共同纲领》具备了中华人民共和国宪法的性质,而这次会议也因此成为协商建国、多党合作民主联合政府的光辉典范。而侯宗濂先生,最终因为身体原因没有出席这次会议,晚年他曾经多次表达过对这件事的遗憾之意。

第八章　祖国解放　大展宏图加快建设

1949年10月1日，北京天安门广场举行了隆重而盛大的开国大典，宣告了中华人民共和国的正式诞生！由此掀开了中华民族历史的新的一页！新中国成立，万象更新。

1950年5月3日，对侯宗濂个人而言，是一个大日子，中央人民政府教育部决定：西北大学医学院从西北大学分出，任命侯外庐为西北大学校长，成立西北医学院，任命侯宗濂为西北医学院院长。当时学院独立时，有教职员工158人，其中正副教授22人；设有医学系及教学科、药械科、总务科、秘书室等，并成立了党支部、工会。中央教育部规定"高等学校一律实行校长负责制"。侯宗濂因为其正直的人品和在科学界德高望重，获得了新政权的充分信任。

老朋友阎德润在得知消息后，给他送来手札，上书

"士不可以不弘毅，任重而道远"，勉励他要好好为国家工作，为科学救国再立新功。

新中国的崭新气象与生气勃勃给了侯宗濂无穷的工作动力，老朋友的鼓励也让他倍感责任重大。接受任命的当晚，同事们在"西安饭庄"为他庆贺，大家觥筹交错，欢声笑语。这天晚上，他彻夜未眠，思考如何为新中国创建完整科学的医疗事业，第二天，他便风尘仆仆地赶到学校展开工作。喜讯传来，西北医学院的同学无不奔走相告，欣喜万分。

当天的西北医学院召开了全校师生员工大会，欢迎侯校长到任。当时没有礼堂，大会主席台就设在平台上，用块大幕布遮挡，挂上一面国旗作会场背景，主席台上也没有悬挂会标，只有一块"热烈欢迎侯校长"的红布横幅。上午9时大会开始，宣读政务院任命通知以后，侯宗濂随即发表了简短的讲话，他非常谦虚地表示，这次他来新成立的西北医学院赴任，是抱着与大家一起学习的态度。以他的学识和办事能力而论，实在不配当这个校长。但是只要大家努力，一定会做到问心无愧的。

侯宗濂是一门心思，决心奋力为祖国的西北医学事业认真工作。为了办好新的人民学校，他多次强调大学的首要任务是教学，要保证教学质量则需要建立各种科学的规章制度。

为此他在刚上任不久,就提出了"三三制"的建设原则,也就是要积极贯彻我国卫生工作"面向工农兵"、"预防为主"、"团结中西医"的三大方针。

为改革学生课堂讨论的问题,他还提出"四有"(有准备、有发言、有争论、有总结)和"四定"(定时、定地、定题、定教师参加)等比较有效的教学办法。

为完善教学制度,促进学生的全面发展,侯宗濂提出了每天应该学习8小时,睡眠8小时,娱乐及其他集体活动8小时的科学号召。从此,这个"三三制"也就成为西北医学院含有讲课、自学和辅导三个因素的科学的教学制度。

尊重和爱护各种人才、重视师资队伍建设,是侯宗濂治校的一个显著特点。

他在校务会议上强调"师资是学校的根本",因此"应该十分尊重学校的专家和教授,学校各个职能部门应该为各位教师创造较好的生活和工作环境",这赢得了学校专家学者对校长的尊敬和支持。另一方面,他也非常关心学校年轻老师的生活和工作,曾经当过好几次"月老",为年轻人解决婚恋住房等实际问题。侯宗濂还十分重视对青年教师的学术培训培养工作,对他们积极帮助,耐心引导,从编写教材到课堂讲授都很关心。

在他的积极主持下,学院制定出校规、校风。校风为:"团结、紧张、慎重、活泼"。他为了让医学工作尽快走入正轨,促进科学的交流与合作,整顿教学秩序,先后招贤纳士,建立了各科教研室。他不止一次地在校务会议上强调说:"学校工作千头万绪,必须搞好几个重要的关系:即党群关系、团群关系、师生关系、学校与同学关系、教授与职员关系、学校与教育部关系。这几种关系如果有一种搞不好,就会使我们新教学制度的落实受到影响。但'搞好师生关系是执行新教学制度的重要关键',因为学校是培养人才的地方,学生是教职工服务的主要对象。"

侯宗濂为了及时了解学生的学习和生活状况,经常深入到课堂和食堂中去,听取学生的反应和意见。他要求教师要站在"为人民教学"的立场上,任劳任怨地教育学生;同学们要站在"为人民学习"的立场上,尊敬教师,虚心学习。

他常对青年教师说:"讲课切忌呆板,要讲得生动些,使学生容易接受。"在工作上他善于"加码"压担子。他曾对自己的一位学生说:"我看你刚能肩负50斤,我立即加码到60斤,你能挑起60斤的担子,我立即让你挑70斤,这样你们就可以在工作中不断前进提高了。"他把这种"层层加码法"看作是培养青年教师

第八章 祖国解放 大展宏图加快建设

独立工作能力的有效方法。后来医学院大批年轻骨干得以培养的事实证明，侯宗濂的这种奇怪方法还是比较成功的。

自 20 世纪 50 年代以后，由于自然科学新成就在生物学研究中的广泛应用，更使生物学的研究逐步深入到分子结构与功能水平，从静态观察发展到对生命活动过程的分析和测定。1953 年由沃森和克里克两人提出了遗传物质脱氧核糖核酸（DNA）的双螺旋结构模型，从此，把整个生物学研究推进到"分子生物学"的新阶段。侯宗濂对新的科研动向保持着高度的敏感，他也曾多次谈到我们一定要迎头赶上，过去因为战乱，中国的生物医学相当落后，现在既然已经是新中国了，和平安定了，就不能再心安理得地落后了。

原来的西北医学院因在市区的崇礼路（现西五路，二附院北院），位于繁华地带，发展受到极大限制。面对世界潮流和卫生事业的突飞猛进，侯宗濂深刻认识到必须扩大办学规模，因此他多次实际踏勘，计划把学校搬迁到南郊，建设新校舍及附属医院。为此，他多次到省委省政府接洽，给陕西省的领导反映这个实际问题，他在信中言辞诚恳地说道：

"我西北医学院肩负着西北地区医科人才培养和治病救人的艰巨任务，虽是当年北平大学医学院的老底子，但在战火纷飞的岁月已经损失殆尽，唯有精神与血脉得以流传。汉中数年，堪称艰苦卓绝，搬回西安以后，又经历解放战争的炮火洗礼，最后得以立足于繁华市区。新中国的蒸蒸日上令人感慨不已，医学要'防治结合，以防为主'，为了大力培养祖国建设所需之人才，西北医学院也是殚精竭虑，不敢有丝毫的懈怠。从长远计，现在之学院地域狭小，又在人多密集之区，如继续墨守成规，恐无所措置。恳请省委省政府给予方便，科学论证一处开阔地，为以后发展之谋划。"

当时学校搬迁还是颇有些阻力，有人埋怨整天搬来搬去，把不该丢的东西都弄丢了，侯宗濂听到这种说法，于是在职工大会上幽默地说："旧的不去，新的不来，虽然现在解放了，但是过日子还是要像当年在汉中那样为好。颠沛流离，另一方面而言，也是保存学校新鲜血液、勃勃生气的好办法。"

在 1951 年 1 月 16 日，西安市人民政府最终批准西北医学院于南郊小寨以西地区勘购用地 1000 亩，西北医学院的空间范围得到较大的扩展。

新校区的搬迁历时四年之久，在这个四年中，侯宗濂没有睡过一个安稳觉，他经常睡在办公室里，馒头咸菜就是一顿饭，但是他不以为苦。有人很惋惜地说："侯，你别这样辛苦，还是要注意身体的。"侯宗濂笑道:"前人栽树,后人乘凉,从来都是这样,我就是这个栽树的前人。"他对自己的生活不以为意,而是一门心思地搞好建校工作。

新学校建成后,他着手的第一件事就是适应新的教学环境,整顿教学秩序,合理调配教研组,提高教学质量,以适应新校区新作风的需要。他亲自在新校区重组的第一个教研组就是生理教研组,采取重点突破、逐步展开的办法。为做好这一示范工作,做出样板来推广全院,侯宗濂还兼任了教研组主任,领导制定了详细科学的教学日程,编制充实了教学计划,推行合理人性的工作量制,加强培养教师的工作。

为了广泛引进人才,侯宗濂"内举不避亲"。他重点发现和培养的学生李孝光,年龄小他24岁,是1951年西北医学院毕业的学生,毕业后就留校任教。侯宗濂对她出色的科研能力非常赞赏,将其作为重要的助手,李孝光由此长期担任校生理学教研室的副主任、针刺麻醉研究室副主任、医学电子工程研究室主任等重要职务。

侯宗濂还不顾年事已高,亲自跑到青岛,找到了他的学生陈向志。陈向志是心脏外科专家,河北丰润人,他是西北医学院1939年的毕业生。在学校时表现就非常优秀,侯宗濂觉得无论是人品与才学,他都属一流。

当时西北医学院白手起家，校委会上，侯宗濂力主要建立附属医院，这所医院按他的设想，不仅要搞科研，而且还要教学，并且承担治病救人的任务，各科室的开创建设都需要像陈向志这样的年轻骨干。陈向志看见自己母校的校长，如此爱惜人才，于是答应了邀请，来到了当时条件艰苦无比的大西北，挑头负责起附属医院心胸外科的建设工作。陈注重先进技术和设备的引进，重视对梯队人才的培养，他多方筹集经费，经常派科室人员到上海、北京学习，同时又不断提高自身的业务水平。陈带领着科室人员，进行了两年多的动物实验，终于在1960年成功完成了低温麻醉的心脏室间隔缺损手术，成为全国继北京和上海以外，第三家能够单独完成此项复杂高难度手术的单位，并以此成果迎来了全国第一届心血管学会在西安的召开。随后他又和同事相继完成了多项科技攻关难题，轰动了全国医学界。

不仅如此，侯宗濂还很关心医学院老师的待遇问题，据张艺谋的母亲张孝友回忆，她是医学院1955年大学毕业后留在医学院工作的，当时她的月工资是59.50元。而当时中国人的平均工资大约只有30元，可见，西北医学院在侯宗濂带领下职工的待遇还是不错的。

不仅如此，侯宗濂还时刻记得自己是一名医生，应该履行作为一名医生的职责。他特别注重细节，严格倡

第八章 祖国解放 大展宏图加快建设

导施行三级医师查房制度。每次亲自查房，在仔细询问医生的同时，也给下级大夫讲课。他查房时，身边总要跟着一个护士端着托盘，每查完一个病人，都要用酒精仔细地擦手后才去查下一个。在荣誉和权力面前，他从来都是淡漠的，不管政事、不争权力，也不喜欢在别人面前多说一句表现自己的话。平时走路也常常是低着头，见了人点个头就匆匆而过，从不多说一句闲话。

在侯宗濂的主持下，医学院生理系在1958年写出了建立健全教研组工作的经验，为办好全院各教研组工作奠定了良好基础。这一先进性工作受到当时陕西省卫生厅的高度好评。这一时期，侯宗濂针对生理学教材匮乏问题，还主导编写了学校生理学部分讲授提纲，并由他亲自讲课。为适应进修生、学生、助教学习和工作的需要，他以自己多年指导生理实验所积累的材料为基础，组织编写了《生理实验指导》，成为新中国成立后出版的最重要的生理实验指导书之一。

为了写好这部著作，侯宗濂在紧张的行政工作之余，只能挤出晚上的休闲时间，在家里组稿撰写。那时不少人晚上到他家里，都被他挡驾，学生过年过节要来看他，侯宗濂总是说："有事情白天上班时间到办公室来谈，我晚上没有空。"其实，他一方面是想让学生少些应酬，另一方面是希望自己能够利用晚上的高效率为学生真正地做好服务工作。

　　他的学生范谨之这段时间也曾被侯先生邀请在生理科做实习助教，由此开始了他的生理专业工作。在他的心目中，侯教授是很平易近人的行政领导，范先生回忆说："为了培养教学科研人才，侯宗濂总是身先士卒，时常出现在教学一线。为了给我们打好理论基础，他就亲自讲授物理化学课；为了让我们熟练掌握制作标本的技术，他就摘下眼镜，亲手做示范，一丝不苟；对基本功训练，要求得更为严格，在做单收缩、疲劳曲线、Pfluger定律、Loewi实验等古典项目时，要求结果必须典型，要达到教科书上的标准。侯教授在工作中非常强调创新，鼓励多设计新的图表、模型、编写新的教材。"

　　董笃一和刘致涵同学也是侯宗濂这时期的学生，他们从正在毕业实习的内科，调到侯老领导的生理教研组（当时称生理科）。听说系里要他们担任教学任务，因为当时两人还是新手，都有些胆怯。这一点，侯宗濂不仅注意到了，而且非常细腻的是在人多的时候并没有点破，私下里，他不仅从各方面对董和刘二人加以鼓励，而且笑着说："姑娘也总要上轿子的，第一次害怕，很正常，慢慢就习惯了，以后也许还会喜欢上课，一天不上，就觉得缺个什么似的。"他还亲自指导两人做了相关的生理实验。尤其是他们比较陌生的神经肌肉章节的

第八章 祖国解放 大展宏图加快建设

实验,从解剖蟾蜍、制作坐骨神经腓肠肌标本,侯老都给做了典型的示教。董笃一曾经说:"当时侯宗濂那熟练、迅速而准确的技术操作,至今仍留在我的脑海,让我感动这份永远的师恩。"两人都觉得能够得到侯老这位从青年时代起就蜚声于欧洲生理学科坛的专家的亲自指导,真是格外幸运。也正是在侯老的指导和鼓励下,这两人不久就担任了课堂示教、辅导和实验课的老师。

那时,蔡永林也在西北医学院进修,曾和侯宗濂先生有过长时间的愉快相处。他曾撰文说起了侯先生的几件小事:

"有一次上实验课,做蟾蜍的坐骨神经腓肠肌标本时,我走到装着癞蛤蟆的竹筐前,看到灰褐色、表面许多疙瘩和带着绿圈圈的蛤蟆时,不由心惊肉跳,觉得自己浑身直起鸡皮疙瘩,不敢下手去抓。侯老走到我的面前,提起一只癞蛤蟆,操起手术剪,熟练地剥了,很快做出了新鲜的标本,而整个实验台却很洁净。他拿着标本,用锌铜弓刺激时,生物的肌肉立刻收缩。我望着他严谨规范的示范动作,心里羡慕极了。他顺手递给我一把剪刀,笑着说:'来,试试看!'我那种惧怕的心理被侯老含笑的面容和鼓励的目光赶跑了。我接过癞蛤蟆,举剪就剥皮,'啸!'的一声,白色的蟾酥溅了我一脸,眼睛疼得我都睁不开了。侯老连忙用毛巾给我擦脸，还耐心地讲解着做标本的方法，鼓励我再做几个。我在侯老的指导下，连续做了十几只，终于熟练地掌握了该实验的动作要领。"

不仅如此，在蔡永林的眼里，侯先生还是一个兴趣广泛的人。

"记得有一次，课间休息时，我坐在教室里看书，侯老举着一对乒乓球拍子，隔窗喊道：'大蔡，来，咱俩打一盘！'我跑出去，接过球拍和他对打起来。侯老是左手握拍，动作机敏灵活，发过来的球又快又旋，我哪是对手。他看着我接球时可笑的样子，不时发出朗朗的笑声。在以后的日子里，侯老常和我在一起打乒乓球，他对我像对待朋友一样，平易、亲切，使我一点没有拘束和隔膜的感觉。"

据说侯老和学生还有一件趣事，曾经在医学院里广为流传。有个学生很苦恼如何搞好科研，于是有一次私下里向侯宗濂请教这个问题。侯老说："你别这样愁眉不展的，走，我请你出去吃饭。"于是两人去了医院附近一家饺子馆，等饺子端上来，都吃了起来。侯老只是在讲他的一些生活中的趣闻琐事，丝毫也不提学生想知道的所谓答案，这个学生颇有些失望，于是沉闷地吃着饺子，不一会儿便吃完了。这个时候，侯宗濂忽然问了他一句："对了，咱们今天吃饺子，你总共吃了几个？"

第八章 祖国解放 大展宏图加快建设

这名学生一下给愣住了，侯先生哈哈一笑，告诉他："我吃了24个，你吃了30个，因为我说话多，而你却一直在吃饺子。你刚才问我取得重大科研成果的方法是什么，那我今天只能借用吃饺子这件事告诉你：要用心思考、统计，一步步地来，要善于发现别人不曾注意到的地方，比方吃饺子的数量问题，虽然别人漫不经心而你却用心注意到了。不知道我的回答你满意吗？"

结果这个学生深受启发，由此他认识到自己真正需要的科研能力是什么。

侯宗濂非常重视实践的作用，在基本教学中，他时常认真指导学生实验，坚持实践是检验真理的唯一标准这一马克思主义的基本原则。他曾经多次对学生告诫说："我当年的老师，久野宁教授曾经说'要大胆假设，小心求证'，科学需要实验数据说话，不能信口开河。"

不仅如此，50年代初，侯先生还亲自主持创建了中华医学会陕西分会。该协会于1950年开始筹组，到1951年4月，侯宗濂联系叶瑞禾、刘新民等担任筹备组负责人，同年10月5日正式成立了中华医学会西安分会，选举了理事会。由于侯宗濂德高望重，被推选为理事长，叶瑞禾、王季陶、汪美先（兼会计）、刘辅仁（兼秘书）任常务理事，贺彪、张查理等10人任理事。当时这个分会有会员209人，下属专科学会10个，专干设置1人。会址就在西安市中兴路146号。其实该会有一种历史的继承关系。中华医学会陕西分会本来就是一个存在的组织，原来协会成立于1940年1月30日，当时定名为"中华医学会西安支会"。会长由杨鹤庆（又名杨叔吉，时任陕西省政府卫生处处长）担任，副会长是姜渭纶，职员3人，为第一届理事会。会址曾设在陕西省卫生处内。其后，因解放战争，许多会员与分会失去联系，活动被迫中断。侯宗濂在新中国成立后，深感医学领域门户之间的弊端无异于画地为牢，多次发表文章呼吁学术内部要重视交流与合作，反对山头主义、学阀气息，他曾经对自己的学生、同事和非专业人士讲这个问题，并在给陕西省委主管文教卫生的领导所写的建议书中引用孔子的名言"三人行，必有我师"。正是由于侯宗濂的多次号召，大力奔走，西安分会才由小到大地发展起来。

由于西安所处的西北的重要战略位置，引领着西北医学的高峰，为了更加有效地促进自身领域的学科建设工作，侯先生并不满足医学院的狭小视野，还积极发动组织了陕西省生理科学会，并担任协会理事长和名誉理事长。在他的大力倡导和组织下，学会经常开展学术活动，推动了陕西省生理科学的发展。此外，他还担任中华医学会理事、中华医学会陕西分会副理事长等职。由

第八章 祖国解放 大展宏图加快建设

于在这些医学科学合作和研究上的显著成绩，他曾受到高教部杨秀峰部长的通令嘉奖。

当时中国学习苏联"老大哥"的高等教育经验，进行"合校并专业"工作，取得了一些成绩，但是"兼听则明，偏信则暗"，一面倒地跟随人家无疑也使得新中国的教育体制出现了一些问题。侯宗濂本人是在德日学习的，因此他在这一问题上也有一些自己的看法，1953年，在教育部组织的高等教育交流学习的讨论会上，侯宗濂谈到学习苏联经验是否有教条主义的缺点时，他当着很多代表的面说："今天来的专家很多，但是我不怕得罪人，对于完全照搬苏联经验的问题，其实这并不新鲜，过去我们是在照搬英美经验，现在学习的方向不过是变到东边来了，都是向先进国家学习。对苏联经验的看法，大家意见不一，有的说存在很大的问题，有的说基本面是好的。我个人认为虽然应该具体情况具体分析，但是这个苏联模式存在的问题还是很突出的。在建国初期，我们还没有在全国范围内建设社会主义高等教育的经验，因而当时将苏联建国多年来已经取得了很大成效的高等教育一套先进经验照搬过来，着手改革旧中国遗留下来的高等教育。在当时情况下，这样做我看是完全必要的，不能说它都是照搬教条主义。就是在今天，有些东西我们还不懂，由于迫切的需要，也还不得不先搬苏联的课本讨教。但是我们不能一直这样生吞活剥所谓的经验，而是要通过在教学实践中的试验再证明，还要再结合我国具体情况逐步地加以修改和完善，世界上没有一成不变的东西，要创造符合我国国情的教育模式，这绝不要乱扣'教条主义'或'修正主义'的大帽子。至于有些我们已经有一定的经验，应该并且可能根据我国实际，创造性地学习运用以前英美德日经验的，而我们既不问情况，更不动脑筋，对所学的东西也不加以研究，只是盲目地因为是日美列强的就抛弃，这是极端危险的倾向。那些一再碰壁，实际已经证明出了毛病或是行不通了仍旧坚持不改的，应该说才是真正的'教条主义'者了。"

　　侯宗濂的讲话鲜明地反对生搬硬套当时的苏联经验，认为应该百家所长皆为我所用。在他领导行政工作时期，西北医学院内部对这个问题一直就是比较警觉的。

　　1953年，全国院系进行大调整，高校形成了一阵子的改名重组风潮，侯宗濂对这次大规模运动颇有微词，他曾在给医学院朋友的信中说："中央时刻以苏联经验为蓝本所制订的教学计划和教学大纲，分量重了，限制又死，缺乏执行上的灵活性，因而造成了教师和学生的负担都过重。这种缺点的产生，从修订的教学计划和教学大纲来看，一般还不是由于不动脑筋、不假思索地依样照抄，完全没有考虑到中国学校的条件，而更多是由于既缺乏经验，又对各校情况了解不深，征求各校意见也还不够，主观要求则偏高了。但是部分的也确实存在着教条主义的搬运现象，有些还相当严重。"

侯宗濂教授培养人才，特别注重智力建设。强调要从挑选苗子开始就不要搞唯分数论，而主要要考察学生的分析问题和解决问题的能力，考察其观察能力以及动手能力。侯宗濂认为只有分数而没有能力的人是难以成才的，所以分到生理专业的助教，他都亲自找来谈话、考察、引导和鼓励。他要求他的每个学生都必须具备广博的知识。他常给这些学生讲，博是创造的基础。所以他对来到生理教研组的助教，一律要求他们重视学习解剖、生化、生物以及其他临近学科。即使在当时还没有研究生制度的情况下，他也能按研究生培养的要求，脚踏实地地予以精心培养。

侯宗濂特别重视对哲学、自然辩证法的学习，而且推而广之。他认为自然辩证法是所有自然科学工作者的必修课，对于终生从事生理学工作的人，更应有哲学上较深的修养和造诣。他言传身教、身体力行，自己首先在哲学方面下了些功夫。比较有名的马克思主义哲学著作，侯宗濂都下功夫进行了认真的学习。如恩格斯的《自然辩证法》、列宁的《哲学笔记》，他在书上都做了大量的批注。他曾在号召全校师生学习马克思唯物主义辩证法时现身说法、深有感触地说："毛泽东同志说，没有调查就没有发言权，要知道桃子的味道，只有吃过才能够知晓，实践是科学真理的来源，我在科学上的成就很大部分是受益于马克思主义的这种实践哲学思想，那就是实事求是、辩证、联系、发展、全面地思考和观察问题。"

正是因为这样，他曾给助教们制定了在学习工作中必读的哲学著作，并且隔段时间就亲自过问学生的学习情况。有一段时间，侯宗濂在教学上还倡导安排了哲学讨论课，在课堂上，他同学生们一起进行讨论，没有任何的权威架子，大家发言都很踊跃，侯老则逐一解答学生提出的各种问题。几十年的辛苦工作，侯宗濂确实培养了一批德才兼备的人才。在医学院生理教研室、研究室就有着不少曾经跟随他学习受教时间较长的同志，他们在自然辩证法上都有着较好的修养。

侯宗濂重视科学基本功的培养，基本功就是指基本理论、基本知识、基本技术。他不止一次地给自己的学生强调做助教、做研究生必须打好这些基础，过好这些"关"。为此，他为助教、研究生规定必读的生理教科书和有关基础课程，定期做检查、答疑。他给研究生规定的教科书是 Guyton 的生理学，并要求他们尽量多读教科书，在读的过程中去比较、发现、鉴别，从不同的角度加深对问题的理解。他要求学生在读书过程中不断提炼其精华，抓住其本质。他常讲，"书应该越念越薄"，这就是说，读一遍就必须提炼一次精粹，深化一个层次，概括出新的内容。事物的本质一般都是比较集中的，越接近本质，就越简练，如果读到最后，能用最简明的语言，准确地概括问题的核心，就表明自己真的读懂了书。这样当然书的内容就少了、精了、薄了；如果读后仍是洋洋万言，不得要领，就肯定是没有读懂。

侯宗濂在学生眼里是一个理论与实践并重的导师，有学生回忆说："侯老师在狠抓理论教学的同时，毫不放松对我们实验技能的训练。在实验中又特别重视普通生理实验技术的训练。每位来教研组的助教，他都安排半年到一年时间集中进行实验技能的培养，除安排讲师专人负责外，侯老师一般还亲自参加指导，解决疑难，检查验收。他严格要求，一丝不苟，助教们为达到规定的教学标准，常常夜以继日地做实验，有时候，为完成一个理想的项目，所用蟾蜍竟多达百只。正是由于侯教授的严格要求，认真训练，这些当年的助教，实验基本功都相当熟练。有一个时期，蟾蜍供应不好，实验不能顺利进行，侯老还亲自带上助教，利用假日，去河道捕捉蟾蜍。"

当时这位学生和他的同事就深为侯宗濂这种一丝不苟的科学精神所感动。

侯宗濂在培养生理学后来人的过程中，除了在业务上狠下功夫以外，也在科学思维上精心栽培，有着"化作春泥更护花"的无私品格。侯宗濂曾对学生说："你们在学习中要多注意思考问题，一些研究成果与其说是实验做出来的，不如说是先想出来的"，"庞杂的实验不一定会出巨大的成果，精巧地设计实验，才是科学的本领和高级的艺术"，"科学的目的是要学会思考和发现"，"要想在医学上有所成绩，就必须善于想为什么"，这些侯宗濂教学中的只言片语，无不闪烁着他智慧的光芒，这些谆谆的教导，显然是他科学生涯经验的结晶。侯宗濂喜欢引用赫胥黎的名言，来鼓励年轻人要有超越成见和怀疑权威的勇气，这一点不少学生都印象深刻："人们普遍有种错觉，以为科学研究者做结论和概括不应当超出观察到的基本事实。但是，大凡实际接触过科学研究的人都知道，不肯超越事实的人很少会有成就。"

1953年的时候，正是侯宗濂年富力强、国内政治气候很好的一段美好时光。

新中国刚刚成立，党和人民政府对科普工作非常重视，并出台了一系列的优惠支持政策。1949年9月，全

第八章 祖国解放 大展宏图加快建设

国政协通过的共同纲领第43条中就明确提出：要"努力发展自然科学，以服务工业、农业和国防建设。奖励科学的发现和发明，普及科学知识"。在1950年8月，中华全国自然科学工作者代表大会在北京召开，毛泽东主席出席会议并做重要讲话，大会成立了"中华全国自然科学专门学会联合会"（全国科联）和"中华全国科学技术普及协会"（全国科普协会），侯宗濂也应邀出席了这两次北京会议。

1953年4月，中共中央在"关于加强对科学技术普及协会工作领导的指示"中明确，"科学知识的宣传，不但对于人民群众唯物主义世界观的形成和迷信保守思想的破除，有其重要作用，而且在今后国家大规模建设时期中，劳动人民学习科学技术的要求将日益增长，群众性的科学普及工作必将有更大的发展"。1954年的9月20日，中华人民共和国第一届全国人民代表大会第一次会议通过的《中华人民共和国宪法》总纲第20条中规定了"国家发展自然科学和社会科学事业，普及科学是新中国义不容辞的伟大责任"。1956年的10月，由全国科普协会和全国总工会联合召开了全国第一次职工科普工作积极分子代表大会，这可以看作是新中国成立以来第一次科普高潮到来的重大标志。

由于侯宗濂在医学界的崇高地位，中华全国科学技术普及协会决定在这一年出版他的代表性著作。一个春天的早晨,侯宗濂接到了通知,在电话里,科协出版社的编辑同志表达了编辑部同仁对侯先生的尊敬之意,建议他把自己的作品《巴甫洛夫的睡眠学说与睡眠疗法》予以出版,出版社计划把这一本书作为当年的重要课题申报计划。得知这个消息,侯先生非常高兴,因为这是他一直未了的一个心愿。

侯宗濂记得1935年在莫斯科见到巴甫洛夫的激动和惶恐,还清晰记得这位伟大科学家对自己的殷切关怀,他觉得自己和这位科学家有一种冥冥天意中特殊的缘分,巴甫洛夫曾对他说希望有机会来到中国,虽然最终没有实现这个朴素的愿望,但是他的学说却可以把他的灵魂带来。

侯宗濂整理着自己的书稿,心情万分的激动,他在书中高度赞扬巴甫洛夫的卓越贡献,对他较为高深的条件反射理论做了形象而又不乏生动的介绍,希望让人们都能够明白所以然,他幽默地写道:

"提到苏联生理学家巴甫洛夫,就会想起他于做条件反射实验的那些狗。像人一样,一见爱吃的美食,狗就会情不自禁流下口水来。但巴甫洛夫的狗,只要有声、光刺激,即便没有美食,也照样垂涎三尺。不过这得有个'条件':一开始,每逢声响、光照,都要喂它。

第八章 祖国解放 大展宏图加快建设

弄上几次,再有声响、光照,它就会得到一种心理暗示:好吃的东西来了……随后这种心理反应就会引起生理反应……唾腺分泌,口水便涓涓而下了。大家都知道的我国三国时期的曹操,似乎1800多年前就谙熟巴甫洛夫的条件反射之道。《世说新语·假谲》记载:'魏武行役,失汲道,军皆渴,乃令曰:"前有大梅林,饶子,甘酸解渴。"士卒闻之,口皆出水,乘此得及前源。'曹操同样没给自己的'狗'(士卒)吃喝,仅凭自己的'声响、光照'(一道'前有大梅林'的军令),士卒得到酸甜解渴的心理暗示,便像巴甫洛夫的那些狗一样,'口皆出水'了。"

侯宗濂的解说惟妙惟肖,令人印象深刻。他继续写道:"巴甫洛夫的睡眠疗法称睡眠是神经系统的'镇静剂'。人的一生有1/3的时间是在睡眠中度过的。巴甫洛夫说,睡眠的本质是大脑的弥散性抑制。脑可以兴奋,也可以抑制,它是两种基本的神经过程。那么脑是全脑的弥散性的抑制,就会进入睡眠状态。从正常到清醒状态、到睡眠状态,要经过低常相、反常相、超反常相。而睡眠当中醒来的过程,正好是从超反常相、反常相、低常相再转到清醒状态,这解释了很多疾病的产生问题,很多睡眠障碍的问题。比如说低常相,我们说正常的时候,对于弱的刺激,我们给出弱的反应,强的刺激,我们就给强的反应。比如说肌肉,如果轻轻碰你一下,你可能手不大动,但是你有感觉。我使劲一掐,你疼了,你手一定会缩回去,那么这个弱的刺激,有弱的反应,强的刺激,有强的反应。反常相的时候却就相反了。就是说低的刺激,给强的反应,这个强的刺激,给弱的反应。咱们生活当中也有体会,比如说你睡眠想要睡觉,一开始你还没注意,过了一会儿,你会有一个阶段,什么呢?旁边有人小声说话,对你的刺激,你觉得特重,反而远远的砰、砰门响,你倒不在意,这个就是反常相。有很多精神失常现象和一些疾病,就是催眠相所形成的。这个简单说来就是巴甫洛夫的科学理论。"

巴甫洛夫条件反射的复杂理论让侯宗濂解释得如此生动而又形象,这就是侯宗濂的一大本领。侯先生的这部书是他怀着崇敬的心情撰写的,面对的读者是医科的学生和普通的大众,以比较通俗易懂的语言介绍了大科学家的睡眠学原理。现在既然能够付梓印刷,的确是给医学界做了一件功德无量的事情。

为了这部书的出版,侯宗濂又认真对全书做了一次校对审核,由于平时太忙了,这种工作只能是放在晚上进行,经常伏在书桌上审读到深夜。有一次,他的助手见他如此,不耐烦地说:"侯老师,校对是编辑部编辑的事,你把稿子给他们不就得了,质量有他们把关,没必要这样劳神的。"侯宗濂则说:"这是我写的书,出版了也署的我的名字,如果错误很多,质量不好,那不是被别人笑话,还给群众传播了错误的生理学知识,想想这个,我就感到惶恐不安啊。"

侯先生不仅对出版工作认真把关,而且有着创办生理学科技期刊的浓厚的心结,早在医学院延滞汉中时期,他刚到学校,有一次听说学校创办于1940年12月的《西北医学院院刊》,共办了27期,约于1943年1月因经费人员不足而停刊的事情,就深感遗憾地说:"学术刊物还是必须要的,没有这种杂志的医学校就如同没有话筒和前进的眼睛一般,摸黑行进如何可以?如何让师生自由发表学术见解?"他曾经在给国民政府教育部的信中言辞恳切地引用陕西医学期刊《西京医药》的发刊词:"我国医药界,鉴夫新医药之不振,旧医药之盲从,均由于新医药团体涣散,无以共策进行所致,于是有借医师药师公会,或医药学会等之设立,以图自振。顾我西北,尚无此种组织,毕业外国者,仅数人,毕业国内者,亦不过数十人而已!各个奋斗,每感孤军,无济时艰,爰欲集群策群力,为既往之补救,谋未来之发展",多次呼吁要有办刊意识。

侯宗濂根据自己多年的经验,沉痛指出:"就新医药界而说,各大文明国家,对于学术,都在虚怀竭诚地交换知识，互探真理之中了；然而我国新医药界，偏要强立门户，把整个的科学的医药，硬分为什么德日派、什么英美派，以及因出身学校之不同，什么什么派，欲此诋毁……陕西适当西北之咽喉，为中华民族之发祥地……"因此侯宗濂提出要是办刊，宗旨主在于"调查西北医药状况，发抒正确之论议，以示方针。译述外国专著，以资借鉴"。

在当时西北医学院办学经费非常紧张的情况下，侯先生就希望能够把当年在汉中的办刊传统延续下去，但是还缺乏适当的气候。

新中国成立以后，侯宗濂就又把这种想法提上了议事日程。希望医学院能够领陕西风气之先。但这个问题当时在学校内部存在不同的意见，侯先生因此还召开了专门的会议，他语重心长地说："当年在汉中的时候，我校的一批同志办起了《西北医学院院刊》，可惜我还没来主持这里工作以前，这个刊物就停办了。战争年代，非常时期，经费紧张，也不能怪谁，现在解放了，我们立足西北，不能再像过去那样对什么事情都不求有功，但求无过，我们应该有积极进取的精神。在西北创建医科大学，如果没有一张反映科学技术前沿的理论刊物，那我们就会继续闭目塞听，最后成为盲人，聋子。苏联科学家巴甫洛夫曾经告诉过我：'科学是随着研究方法所取得的成就而向前的。研究方法每前进一步，随之我们面前也就开拓了一个充满种种新鲜事物的更辽阔的远景.'如果一直没有一份像样的学报，我们如何能够展示科学方法的前景呢？"

侯宗濂于是力排众议，主持《西北医学院学报》的成立与建设工作，1955年该刊物创刊，建立学报编辑委员会的那一天起，他就亲自挂帅担任着主任委员。那个时候，高深理论期刊是困难重重的。侯宗濂不仅在财力上给予期刊大力支持，而且多次对学报的发展做出重要的指示：他认为学报作为一份自然科学学术期刊，是学校教学、科研、医疗等各项重要工作的一个窗口，应该遵照科学发展的规律，努力办好。

侯宗濂还曾多次找学报编辑人员谈话，强调学报的质量，主要决定于科学论文的质量层次，要求学报编辑人员要认真把好论文的审核关，要不断提高论文的真实性、科学性和严密性论证。积极组稿约稿，杜绝人情稿件，严把编校质量，加大宣传力度。

侯宗濂是一个严谨而无私的科学家，由他指导撰写的学生或者教师的论文，在质量上他要求是很严格的。有些学生写好论文拿来希望他帮忙能够在杂志上发表，侯宗濂总是告诉他们："你没有用心写，就不要拿去丢人，尤其是丢我的人。先按我的意见好好修改，多让几个老师看看，也不要光听我一个人的意见，而是要综合他们的意见认真调整，老老实实地做，研究生阶段不要想着发文章，而是要板凳坐得十年冷，静下心来为好。"

期刊有关生理学研究方面的论文一般他都亲自审定，侯宗濂虽然很忙，但总是认真地阅读并负责任地提出符合客观实际的评论和具体的稿件修改意见，审稿意见书上总是密密麻麻，字迹俊秀，毫不留情。有位编辑记得，侯院长曾打电话给编辑部，建议每一篇稿子，不管退发如何处置，都最好把审稿意见书传给作者，希望这样可以促进他们的论文撰写和科研思考工作。

由于他所提的这个意见很好，所以西北医学院的期刊一直坚持这样去做，由此赢得了不错的口碑。侯宗濂给出的审稿意见，没有任何的"学阀"气息，而是经常站在学生一样的立场，拿他的话叫作要学会"换位思考"。他自己拿不准的就勾画出来，并不武断，给出的可用可退的结论也是建议性质的，从不干扰编辑部的集体意见，具有浓厚的民主特质和充分的说服力，所以不仅使作者满意，而且使编者也能从这件稿件的处理中得到一些教益。

侯宗濂虽然公务繁忙，但是他依然保持着科学家的朴素本色。在生理实验室里，还是可以时常见到他工作的身影，虽然他已经是学术上的权威了，但是他并没有

第八章 祖国解放 大展宏图加快建设

认为科学和真理永远会掌握在自己的手里，侯先生一直强调"科学认识总是要不断前进的，自己已经是理论上的'满清的遗老遗少'，学生要打倒，只要有勇气，就要想着打倒"。

侯宗濂从他在新中国成立前做过的关于兴奋性及其指标的研究工作入手，认为自己做的前期工作还很不够，这既是科学性质的理论，又有较大的实用价值，于是决定继续开展这方面的研究。他从苏联学者纳索诺夫的工作中受到较大启发，思考时值之所以不能正确反映兴奋性是由于受到 Weiss 式中常数 b 的影响，如能消除 b 的影响，即可克服时值的缺陷。由此出发，他先后提出了"标准时值"和"标准电量"（即 Weiss 式中的常数 a）的概念，用来作为兴奋性的指标。他进一步想到，时值受 b 的影响不能正确反映兴奋性，说明 b 是不反映兴奋性的，那么 b 反映什么呢？他推想 b 可能反映应激性，从而提出应激性和兴奋性是可划分的推断，在组织发生兴奋的过程中要经历应激和兴奋两个阶段，即"兴奋发展过程阶段论"。

这些科学结论都是他实验室里的辛勤汗水换来的。

1957年苏联那边的同志向他约稿，侯宗濂也欣然寄去自己的论文，不久那边就在杂志上发出。这是他在苏联生理学杂志上发表的一篇论文，在文章中，侯宗濂详细论证了用"标准时值"作为测量兴奋性的指标。为了继续深入论证课题,到1959年侯宗濂又写了一篇相关的解释性论文。这篇论文则修正了自己的原来意见,明确提出了要用Weiss式中的常数a作为兴奋性的评测指标,似乎这样更为恰当。他希望这个意见能够在国内获得认同,可是当时国内的同道对此问题却不买账,一度争论不休,特别是在中国生理科学会生理、药理专业学术会议于6月25日至7月4日在上海举行的时候,受到了广泛的议论。参加这次会议的有上海、北京和华东、东北、西南、西北等地区的科学研究单位和高等院校的代表共80余人,上海市有关的工作者也出席了这次会议。许多著名的生理学家和药理学家在会上都围绕这个问题做了专题报告,形成了两派针锋相对的意见。

侯宗濂曾经回忆这段时间的自己说:"当时我很想不通,为什么不少同志们会上提出这许多的意见?因此我也参与了争论,而且表现得还很不服气。但是我并没有故步自封,而是认识到真的可能是自己的文章还存在一些缺陷,经过反复思考,终于恍然大悟,原来是他自己的论文并没有展开深入,探讨得有些模糊,论证还不够有力,文章没有写明白,实质上就是自己也没有完全了解清楚这个问题,这是同志们提出意见的最本质的原因,于是我最终重新写了文章。"

第八章 祖国解放 大展宏图加快建设

侯宗濂非常愿意接受别人的批评意见，他对这个问题不因自己的学术权威地位而产生学术优越的幻觉。他曾经说："我现在被一些人称为学术权威，其实权威只代表着光荣的过去，不说明不知晓的未来。科学是发展的，不是僵化不变的，我可能也在一些问题上的见解落伍了，或被年轻的同志超过了，这都很好，说明我国的医学科学是健康的，生机勃勃的。如果真的没有人说话了，到处是叫好声，在我看来，这就像学术上的万马齐喑，那就更悲哀更令人害怕了。有人提不同意见虽然可能刺耳，但这是好事，不管提的意见是对是错，都会促使我去深入地思考，这只会对我的科学工作有促进作用，让大家对真理的认识越来越深入，使得医学工作的结果越来越接近真理和真相。我们都应该感谢那些提不同意见的同志们的好意见，他们做的事是应该做的，而且是我们万分欢迎的事情。"

有一次，甘肃那边医学院有个25岁的年轻学生在论文中批评侯宗濂对一个医学问题的看法，结果他的助手和圈内的朋友纷纷撰写文章对这名学生进行"围剿"，言辞之中甚为激烈。侯宗濂知道后，要求自己的学生必须在文章中撤去那些个人攻击之类的话。他郑重地提出："小字辈的学者不容易，我们要思考他讲的是否对，不在于他攻击的是不是我，只要他讲得对，我就应该虚心接受，予以改正。我赞成正常的科学争鸣，坚决反对毫无根据的感情攻击，现在的期刊学术界总是权威当道，这是一种畸形体制。你们不要这样做了。"

侯宗濂后来仔细研读了人家的文章，觉得人家说的还是有道理，可能是自己在结论上过于武断了。于是，他写文章纠正了自己的看法，还向人家表示了感谢，这个外地的学生一次来西安，还专程前去拜访了侯宗濂，侯宗濂请他在家里吃饭，并且幽默地告诉他："后生可畏啊，这一点看来我是老了，但是医学真理却永远是年轻的。"

第九章　科学春天　人才建设学术开放

侯宗濂不仅为自己的学校建设日夜操劳，而且还非常重视对其他医院建设的帮助工作，表现了他高尚而无私的道德情操。

据第四军医大学王复周教授"深情的回忆"，1951年初，第四军医大学想邀请他来校工作之时，当天下着大雪，校领导还是请到侯宗濂教授作陪前去"求贤"。当时第四军医大学也是草创时期，条件异常艰苦，侯宗濂没有门户之见，在当时西安最有名的"西安饭庄"一起吃饭时，侯宗濂言辞诚恳地对王复周说："现在第四军医大学就是刘备，求贤若渴啊，你要是能来这边工作，那最好！西安是个好地方。在这样一个尊重知识、尊重人才、求贤若渴、关怀备至的氛围里，你不出成果，不加倍努力工作，就愧对学校，愧对领导，也愧对我今天冒雪前来的'陪绑'啊！"

20世纪50年代中期,中共中央发出号召,要求学术科研工作要理论联系实际,由此,全国掀起了向科技进军的热潮。1954年秋,中华全国科学技术普及协会应苏联对外文化协会和全苏政治与科学知识普及协会(简称"全苏协会")的邀请,组成代表团于10月24日赴苏联访问。代表团由25人组成,侯宗濂先生和中华全国科学技术普及协会常务委员会委员、各地分会负责人,并有中华全国总工会和中国新民主主义青年团中央委员会等单位的24位代表一起参加了这次活动。代表团的主要任务是学习全苏协会组织广大知识界向人民传播知识的经验,以改进我国科学技术的普及工作,并增进中苏两国人民之间的伟大友谊。

代表团是在1954年11月2日到达莫斯科,12月8日离开苏联返国的,在苏联参观访问共计5个星期,访问中考察了全苏协会及乌克兰苏维埃社会主义共和国等地。在这次参观学习时,侯先生随团拜访了巴甫洛夫生理研究所,了解了苏联的科研新动向,与苏联同行共同交流了科学思想,获取了不少有效的信息。

这是侯先生第二次到苏联,但是这次和1934年的那一次境况不同,面对着一个社会主义的国家,虽然两次都充满着好奇和欣喜。但这一次,主要是去参观考察的,也少了第一次以前的心理偏见。后来,侯先生曾经

第九章　科学春天　人才建设学术开放

在谈到这次出访时承认："我可以被列入德日学派的科学家，虽然一直在搞生理学的深入研究，但对苏联同行的了解相对比较薄弱，解放前虽然在苏联见过巴甫洛夫，但只觉得他是一个特例，也还颇有些瞧不起俄国人的心理。但这次有机会出去，是一次极其难得的机会，让我把学习的眼光放到了东方。看来，十月革命一声炮响，送来的不仅是马列主义，还有新的令人吃惊的科学技术。利用这次难得的学习机会，我和苏联同行探讨了派遣留学生来苏学习的相关问题，大家相谈甚欢。俄国人很能喝酒，对中国朋友也非常友好。当知道我是留学日德的，他们还满是惊异的表情，甚至要求我说几句德语听听，看来，苏联老大哥对我国的现状还是缺乏深入了解的。"

归国以后，侯宗濂经过深入思考，就给教育部去信说："此次苏联访问，重要的是深刻意识到我国生理学和苏联生理学科建设的巨大差距。这次在巴甫洛夫生理研究所，所见之先进仪器，所闻之理论前沿，回来以后，倍感压力。现今中苏友好，我们应该多向他们学习请教。我校肩负西北医学科研重任，但多年来闭目塞听，现如今必须派人去那边取经，这是当务之急。"

侯宗濂的信件直接促成了送医学院学生到苏联学习先进教学内容和教学方法的举措。1956年医学院派出一批学生赴苏联学习深造，这些学生原来多是做实验工作的，他们利用这次进修，如饥似渴地学习苏联先进的生理学知识。侯先生虽身在国内，但依然非常关心这批学生的生活和工作情况，多次写信发电报给这些学生，要求他们要安心学习，虚心请教。

这批学生后来相继学成回国，不少人成为我国医学领域的中坚人物。

徐光尧回忆，60年代初，侯宗濂与当时西安医学院党委书记李广涛同志一同到合肥小住。李广涛曾经担任过安徽医学院的书记，光尧当时正是该校生理教研组副主任并任安徽省生理科学会秘书长。他考虑到要活跃学术空气和提高安徽医学院的师资水平，得知侯宗濂来合肥的消息后，他就想通过李书记邀请侯宗濂做一次学术报告。本来侯先生这次来安徽的日程排得很满，对这种节外生枝的事光尧并没有抱多大的希望，但没想到侯老一听他的建议，不假思索就说："你不说，我也希望能够见见大家的，不然来了，就跟白来一样。"他看了自己的日程安排，最后把原来安排的一个接待宴会活动压缩，硬是挤出一个时段出来。徐光尧觉得这样太抱歉了，但侯先生毫不介怀，很诚恳地说："吃吃喝喝的事情还是省了吧，革命可不是请客吃饭的。"

当时是炎热的夏天，做报告的那天尤其酷暑难耐，

第九章 科学春天 人才建设学术开放

徐光尧考虑到侯老住得比较远，而且年纪大了，于是在出发前打电话决定派辆汽车接他，不想侯老告诉他："那就算了，我还是走吧，这是一种很好的锻炼，别派车来，那样很麻烦。另外，原来座谈会在屋子里，屋里热，我看你们能否考虑放在大操场，这样人可能会比较多，也凉快，再说这几天天天开会，待在屋子里，人都要发霉了。"

徐同意调整场地，但是派车接的事情他还要坚持，侯老有些生气地说："我是人民培养的知识分子，摆什么架子！再说我还不老，走得动。我不想让别人说我是官僚做派。"于是，徐光尧就没有派车接。

大家只得等候侯老，本以为可能会迟到一会儿，不想在原定时间开始前近半小时左右侯宗濂已经健步来到会场，拎着一个沉沉的公文包。大家上去迎接，赶紧倒茶，不想侯老说："别麻烦了，我有个习惯，先要备课，给同事们讲自己的心得，要有备而来。"于是他先在休息室戴着眼镜翻阅讲义，很仔细，也不让别人打扰。等到报告会开始，侯先生坐在讲台上，详细生动地阐述自己对"时值"问题研究的成就和见解，滔滔不绝，一口气讲了两个小时。讲完，侯先生并没有马上离开会场，而是让大家提问题，他则耐心解答。台下的同事们都踊跃地提问，结果比原来预想的时间耽搁了一个小时。

张健身的回忆则可以看到侯宗濂对昔日母校建设的关怀之情：

"沈阳解放不久，我有幸走进了沈阳医科大学生理学的大门，开始了自己的生理学生涯。中华人民共和国成立后，在一个春天的早晨，阳光明媚，我照例走进了实验室。不知过了多久才发现，阎德润教授正陪着一位学者观看我做实验，我急忙站起来不由得向这位长者望去。他中等身材，身着深色中山装，端庄安详的脸上闪烁着一双智慧的眼睛，令人肃然起敬。这是我第一次见到侯宗濂教授——一位久闻其名的人。侯教授好像看到了我的不安，微笑着轻轻拍了拍我的肩膀说道：'小同学，别紧张，我们是校友嘛，继续做实验啊。'我一时不知所措，脱口而出：'哪里，您是我的老师，老前辈啊！'"

张健身当时正在做蛙坐骨神经腓肠肌标本，侯宗濂看着他的工作，说："干得不错，不过别着急，慢慢来，你看，这个环节应该是这样做的。"边说着，侯先生就开始拿着实验仪器自己在桌子上弄开了，他也顾不得脱掉外套，而是全身心地投入。他的每个动作都很仔细，也很小心，并且都让人看得清楚明白，并且不厌其烦地解说着每一个动作的要领；阎德润则站在一旁。多少年过去了，溯历史的长河寻觅，张健身还能够常常沉思在第一次见到侯教授的日子里。他认为自己的科研生涯是如此开始的。侯教授让他学来的不仅是一项基本实验操作技术,而更是那取之不尽的严谨思维方法、科学的工作作风和那诲人不倦的治学精神。

在昔日的母校里(沈阳医科大学的前身就是南满医学堂),侯先生受邀做了学术讲座。侯宗濂面对台下众多的学生笑着说:"今天能到这里来,感到很高兴。这里曾经是我的母校,我曾经在这里学习了六年,自己的医学人生就是从这里奠定的。'年年岁岁花相似,岁岁年年人不同',刚才在展览室里,我看到了不少熟人的名字和相片,很感慨,真是岁月催人老。当年这里还是南满医学院,是日本人在这里主持,我们这些中国学生受到不小的歧视,你们问问阎德润教授,他就是其中的一个嘛!这里后来一度还是苏联人的天下,而今天,终于是我们中国人自己的人民医院了,这是一个多么伟大的转变。这里的建设变化很大,但是这里的一草一木我依然觉得还是那样熟悉,感觉很亲切,这次来母校,见到阎德润先生,他是我的同学,好多年没有见了,可谓是'正是一年好风景,落花时节又逢君'。诸位都是和我一个学科的,但是方向也不同,大家来到一起,按照毛主席的说法,我们来自五湖四海,为了一个共同的目标走到一起来了,即使大家对自己的专业有别的想法,或者别的事情干扰,但是既来之,则安之,不妨试试做做。医学是一个博大的学问,生理医科学更是医学中的一朵奇葩,有着无穷的魅力需要我们去努力追寻。这就如同小伙子、大姑娘谈对象,首先要有谈的兴趣,导师列宁说过,兴趣是成功的一半嘛。有了兴趣,就要分析实力,重点突破,抢先下手,'先下手为强,后下手遭殃'。但是谈对象不能互相欺骗,要认真地交心,这就和我们的科研学习一样的道理,学医要用心,这最重要,不能朝三暮四的。我在德国留学的时候,有人曾经问我的老师如何学好专业德语,我的导师说过,要用心,20天就可以,要不用心,20年也学不好的,我觉得干什么都是这个道理……"

这次演讲让大家听得如痴如醉。

据张健身等人的记忆,在50年代,侯宗濂教授曾经多次到沈阳医科大学,给教研室的同志们讲课,并且亲自指导后辈做实验。他阅历丰富,思想开阔,常以自己的科研实践和同学们促膝讨论。他喜欢用数学方法来描述生理现象,经常在课堂上告诫同学,"没有数学的描述,就没有严格的科学"。侯老在他们眼里是没有架子的学者,总是对数据信手拈来,真理娓娓道来,谈笑风生,让人如坐春风,并且受益匪浅。

有外校学生讲述过侯宗濂的一件小事:

第九章 科学春天 人才建设学术开放

1956年的7月，中国生理学会论文报告会在北京举行，侯宗濂是这次会议筹备的负责人之一。当时有个学生把介绍信呈给了负责报到的同志，结果因为他的工作单位是体育学院而以专业不对口被婉言谢绝。正在这个学生手足无措的时候，正撞见了侯宗濂，于是他向侯老说明了情况，请求帮助。面对焦急如火的学生，侯宗濂扶了扶架在鼻梁上的红色琅增眼镜，起身给学生倒了一杯水，说："别着急，先喝口水吧！"他诚恳地安慰学生："你初来乍到，人地两生，遇到不顺心的事，尽管找我好了。"侯宗濂于是领着这名学生来到大会秘书处，向负责的同志讲明了情况，于是很顺利地让这个"外人"报了名。谁知，大会所发的材料却发完了，学生又遇到了难题，侯宗濂于是很干脆地说："看来我还得到办公室一趟，你先等等。"不一会儿，他从办公室出来，把自己的一套材料放在学生手上说："这是大会主席团发给我的一套材料，你先拿去吧！可要认真开会，别把学习材料浪费了。"这名学生激动得一时说不出话来。

第十章　关心国事　政党任职参政议政

侯宗濂不仅重视科研教学工作，而且对新中国的政治也有着浓厚的兴趣，对新的人民政府充满着热烈的期待。当祖国初建，他曾经感慨地说："我们还年轻的那个时代，民主救国，科学救国，实业救国，教育救国，方案层出不穷，令我眼花缭乱。这是因为国家得了重病，大家都在迫不及待希望它早日康复、早日好，于是都给它开药方。我自己选择了医学，算是走的科学救国的道路。但几十年时间，弹指一挥间，做的成绩微不足道，实在不好意思说。不过我的父亲曾经告诉我，北宋的政治家范仲淹小时候，碰到过一个算命先生，范仲淹小时候很穷，他就问算卦的，自己能否做官，算卦的告诉他，看来你是没这种命，于是范仲淹又问，自己既然做不了官，那能不能做名医生呢，算卦先生很好奇他为何把做大官与做医生相提并论，范仲淹回答他，因为只有这两种职业可以救命。我父亲支持我选择医学，不让我从政，有他自己的人生经验，那就是让我救命的。我做了医生，时刻牢记父亲所讲的这个故事。也曾救了不少病患的生命，这就是给科学救国做的一点微薄的贡献吧。当时的国民政府，号称民国，实际上推行的专制独裁，搞得民不聊生，现在人民政府建立了，这是民主救国和科学救国的伟大胜利。但是前面的路子还很长，大家都要为之奋斗的。"

1950年10月，朝鲜战争爆发，不久，中共中央决定任命彭德怀率领数十万中国人民志愿军抗美援朝，全国掀起了轰轰烈烈的抗美援朝运动。侯宗濂非常支持中共中央的这一决定，在家里，在学校，时常可以听见他在一个人哼唱："雄赳赳气昂昂，跨过鸭绿江，保和平为祖国就是保家乡，中国好儿女，齐心团结紧，抗美援朝打败美帝野心狼。……"

1951年的除夕夜，侯宗濂与西北军政委员会教育部江隆基部长领导着西安市教育工作者举行了抗美援朝保家卫国示威游行大会，参加者有3000余人。侯宗濂走在游行队伍的最前列，振臂高呼打倒美帝国主义的口号，他一呼百应，声震云霄。在这次会上，侯先生代表西安高校的领导发表了爱国宣言。他肯定了学生爱国的热情，希望学生用学习和舆论支援抗美援朝的艰苦斗争。并且由他起草,大会通过了加强爱国主义与国际主义教育、鼓励学生参加国防建设等八项爱国行动公约。

另一件表现他强烈爱国热情的事是侯先生对日本的态度转变。

侯宗濂是留学日本的,他和日本的不少朋友都保持着良好的关系。但是侵华战争极大伤害了侯宗濂的对日感情,让他对自己的日本经历有时也懒得提起了。

1951年9月8日,日本排除了与中国和苏联建交的机会,与美国为首的西方阵营签订《旧金山合约》。日本原本可借由这次合约,摆脱战后被美国占领的阴影,遵照《波茨坦宣言》第十二条关于"占领军在建立民主和平的日本政权后应撤退的规定",发展成一个现今日本民众所殷切盼望的普通国家。但当时日本首相吉田茂却在同一天,抛下同行的日本外交全权使节团,孤身一人前往美国第六军团集会所内,与美国国务卿艾奇逊签订了所谓的"美日安保条约",这是战后美日同盟的开始。表面上看起来日本从此成为美国军事的附庸,但吉田茂却利用了安保体制提供给美军长期驻日反共的特权,换取美国为首的西方阵营尽快对日谈和。美日同盟就是在这种日本人普遍难以同意的情况下建立的,尤其是因为意识形态的原因,随着中美关系在新中国成立后的逐步对抗,美国一步步武装日本开始成为东亚地区包围中国战略重要的一环。

消息传来，举国震惊，侯宗濂和西北大学校长侯外庐等人联名两校教授共166人，写信给日本东京各大学教授，支持当时日本东京科学家会议"要求立即缔结中日全面和约，并抗议美国重新武装日本"的爱国决议。

侯先生在给自己母校京都大学的信中说："日本是一个伟大和先进的国家，早年我曾在这里学习生活的日子仍然历历在目。中日两国人民的友好可谓源远流长，远的不说，即是近代，我国包括我本人都曾经在日本学习过先进科技，日本人民的友好热情令人感动。但是遗憾的是，30年代以来，日本一些军国主义分子被狂热情绪所感染，妄图称霸亚洲，占领中国，因此发动了侵华战争，结果给两国人民造成了巨大的身体和心理伤害。现在战争已经结束快十年了，而一些日本政客依然裹胁日本人民，妄图把他们再次拉入肮脏的战争。我希望你们能够在自己的岗位上，致力于中日两国人民的友好交流，而不要人为地制造中日分离。现在美国武装日本，反对中日和平，日本人民不要被美国所绑架，更要团结起来，反对美国的这一险恶用心。"

虽然美日两国结盟的目的不以侯宗濂的意志为转移，但是侯宗濂始终是站在中日人民友好的立场来思考和探讨这些问题的。

为了积极地促进民主政治建设，侯宗濂并在 1951 年申请加入了民主党派"九三学社"。九三学社的前身是"民主与科学座谈会"。该组织成立于 1944 年底，是一批进步学者为争取抗战胜利和政治民主，继承和发扬"五四运动"的民主、科学精神，在重庆组成的。后为纪念 1945 年 9 月 3 日抗日战争和国际反法西斯战争胜利，改为"九三学社"，并于 1946 年 5 月 4 日正式成立。第一届会议选出了许德珩、褚辅成、税西恒、潘菽、涂长望等 16 人为理事，梁希、卢于道、黎锦熙等 8 人为监事的领导班子。

侯先生长期致力于科学研究与高校教学工作，曾经多次表示过自己惧怕政治。在内战时期，胡宗南多次介绍他加入国民党，都被他婉言谢绝了。他在给胡宗南的回绝信中表明了自己对党派政治的真实看法：

"党派政治是现代宪政国家的主题政治现象，贵党以孙中山先生之三民主义为革命宗旨，实在令人钦佩，然而如今贵党似离这个目标尚有相当距离，民主建国之道路与孙先生的遗训都令人感怀。但一党独大，于我看来，似乎是贵党积弊难反之核心问题。现蒋委员长虽号称推行'训政'，实践'五权分立'，然举目所及，皆贵党一手遮天。如此则难以形成民主的和谐制衡力量，形成民众和政府博弈之有效平台，如我加入贵党，则政治倾向

第十章 关心国事 政党任职参政议政

性立判,则有损昔年蔡元培先生所追求之治校立场也。"

这种想法一直是侯宗濂先生坚持的主要做人原则,直到新中国成立后,这一原则才有所转变,这主要得益于与侯外庐先生的深入接触。

在刚刚解放的时候,侯外庐被任命为西北大学的校长,其时的西北医学院刚刚脱离西北大学的原建制,两人有不少的交往。其实,侯宗濂和侯外庐很早就已经相识。

侯外庐是马克思主义历史学家,山西平遥人,曾经在北平大学时期担任过历史系的教师,由于和侯宗濂都喜欢打篮球,因此在30年代初就相识,两人都比较倾慕对方的人品和学识。侯外庐1928年就已经在法国巴黎加入了中国共产党,后来虽然和党失去了联系,但是却怀抱着炽热的共产主义情怀。侯宗濂和他认识以后,侯外庐曾经多次向他介绍过共产党的基本主张、革命宗旨,侯宗濂对共产党民主的向往意识也变得相当强烈,虽然当时还不能入党,但是由此却对中国共产党抱有"深刻之同情"。由于侯外庐的联合抗战立场过于鲜明,1932年12月初发生了侯外庐失踪事件,他们的家属到处寻找了好几天,不知下落,十分着急。其实侯外庐是被政府的宪兵第三团逮捕的,侯宗濂知道这个消息后,并不因害怕惹祸上身而采取回避态度,他一方面安慰侯的家属,另一方面亲自去找德高望重的老校长蔡元培。侯宗濂对蔡元培说：

"侯外庐先生为人谦虚，对国家人民赤胆忠心，却为政府所不容，政府的逮捕措施，是让知识分子寒心的举措，先生历来倡导民主自由，岂可坐视如此高压而袖手！"

后来经侯宗濂等多方联络，努力奔走，侯外庐才被蔡元培联合宋庆龄、杨杏佛等人营救保释出狱。

侯外庐在监狱的大半年岁月中，恰巧正和爱国学者许德珩关在同一个地方。两人因此患难相知，成了生死至交。许德珩1946年在重庆召开九三学社成立大会的时候，发表了《九三学社缘起》、《成立宣言》、《对时局的主张》等建社文件，侯外庐就被邀请担任8人组成的监事会监事。

侯外庐虽然后来和侯宗濂因为工作原因失去了联系，但是两人的心却是很紧密地连在一起。

新中国成立以后，侯外庐被中央政府任命为西北大学校长，侯宗濂得知以后，更是喜出望外。老友相见，自然是秉烛长谈，侯外庐说起这几年分别的缘由，他在山西、重庆、香港、上海生活的所见所闻，倍感岁月如梭，不自主聊起当年在监狱和许德珩同吃同睡的日子，于是又说起了"九三学社"的筹建大事，他希望侯宗濂能够积极加入进来。

第十章 关心国事 政党任职参政议政

侯宗濂开始还有些犹豫，这在他看来似乎违背了蔡元培先生当年的嘱托以及自己的基本原则，但是也有些心动。他曾对一位好友谈及当时的真实感受："我向来对政党政治兴趣不大，但是对九三学社所提倡的民主与科学的口号而倍感振奋，五四运动的时候，我在南满医学堂依然感受得到这两个魔力十足词语的召唤，可惜一直不知如何去做。侯外庐来找我，给我谈及'九三学社'的事情，让我感到这是一件挺神圣的政治作为。侯和我原来在北平大学医学院时期就相熟，他是一个政治左倾的学者，有浓厚的爱国思想，自是不会错的。我该不该听他的，一时真让我拿不定主意。"

不久，侯外庐又给侯宗濂提起这件事，告诉他："九三学社要在陕西成立分支机构，我觉得你很合适。"侯宗濂说："加入组织的事情我思考了很久，觉得拿不定主意。我为何要选择做政治呢？"

侯外庐道："你年轻的时候不是希望改造中国吗？为何对政治没有兴趣了？"

侯宗濂说："也没什么，就是觉得不管什么党派，面对权力，都是容易腐化的，你看孙中山先生创建的国民党，也是革命的，为什么后来堕落成那个样子。"

侯外庐笑道："党派政治就是这样，你不行，就让别人上。如果允许一党独大，那就是放任独裁，'九三学社'目的就是要约束独裁。"

在侯外庐这句话的影响之下,侯宗濂最终于1951年加入了九三学社。

侯宗濂的加入,给该组织增添了无限的活力,他在西安开天辟地,积极发展组织成员,为此出任了九三学社西安分社筹备处和筹备委员会召集人。1953年西安分社成立后,侯宗濂众望所归,担任九三学社西安分社第一主任委员,并连续六届当选为九三学社陕西省主委。

由于后来并校的关系,侯宗濂也成为西安交大的著名校友。交通大学这所学校培养了近代历史上无数的风云人物,其中如清末经济奇才盛宣怀,再造共和的蔡锷将军,民国大教育家张元济,兼容并包、思想自由的蔡元培先生,文化名流李叔同、黄炎培、邹韬奋,桥梁专家茅以升,核物理专家钱学森,政治风流人物江泽民、汪道涵等,众所周知,西安交大来于上海交大,其实,交大的这次大规模西迁,也和侯先生的努力是分不开的。

1955年初,朝鲜战争虽已结束,但国际形势仍然紧张,中美两国仍无实质接触,处于冷战的对峙状态。国内第一个五年计划已经开始,作为巩固后方的战略部署,西部地区特别是西安地区的工业建设将有重大发展,因此国务院决定将上海交大"内迁西安"。1955年5月25日,上海交通大学校务委员会通过"关于迁校问题的决议"草案。由此,拉开了交大在西安争分夺秒进行新校园基本建设的序幕,用以落实高教部的通知要求:"交大要在1956年、1957年两年内分批全部西迁。"侯宗濂晚年曾经在回顾当年中央的这个决策时感慨地说:"工业内迁和交通大学内迁就是在根据西北工业基地建设的要求和国防形势的要求下提出来的。如果不靠沿海先进地区的支援,我们西安的高校教育是不能设想的。上海高级知识分子较多,技术条件较好,从上海调动的多,也是自然的事。"

侯宗濂在谈话中,已经把自己看作一名西安人了。他自然热烈希望上海交通大学能够顺利搬迁到西安。

然而交大搬迁是个极其矛盾的事情,搬迁实际启动以后,国际国内形势开始有所变化。万隆亚非会议的召开,1955年8月中美开始在华沙举行大使级会谈,周总理说1956年"国际紧张局势趋向缓和",1956年5月毛主席发表了著名的"论十大关系",提出要更多利用和发展沿海工业。在这样的国际和国内背景形势下,总理认为"1956年的情况是交通大学可搬可不搬,也可由交通大学支援一部分力量来解决西安的建设问题",然而"工作转变并不是容易的事,尤其国家大,政策转变也慢"。因此上海交大仍按1955年的决策逐步实现全部内迁的原来部署,没有重新进行论证研究。1957年2月毛主席又发表了著名的"关于正确处理人民内部矛盾的问题"。交大的西迁就作为一个"人民内部矛盾问题"非常典型又非常突出地放在交大、高教部、上海市、陕西省乃至国务院的面前了。

上海交大内部,主要是一部分教授对迁校发生了严重分歧,有的主张不应西迁,已迁的则应搬回上海,有的主张交大用其他方法来支援西北,有的主张仍按原决定全部西迁……当时上海交大的彭康校长在听取各方意见后,并请示高教部杨秀峰部长同意,决定采用民主方法让全校师生员工展开这一问题的讨论,可以提不同意见和不同的方案。从4月下旬开始,上海和西安两地的交大放手展开了迁校问题的民主讨论活动。

9月17日,在西安市人民代表的会议上,针对一部分北迁同志的牢骚,侯宗濂作为兄弟院校的代表发言。他对上海交大已迁来西安的同志表示深切慰问,侯宗濂说:"有朋自远方来,不亦乐乎?我知道在座的大家从发达文明的上海跑到落后的大西北还不怎么习惯,觉得这里不是自己的地盘,但是我想告诉大家,西安就是你们的地盘,你们的地盘你们做主。西安可能在经济上不如上海,但是为人民服务,为人民建设教育,我们的教育界就不能贪图享受。毛主席号召我们要扎根西北,这不是喊喊嗓子的,而应该拿出实际的行动来,毛泽东当年不就是在西北延安扎根才得以建立新中国的？西北是革命的福地，也会是交通大学发展的另一块福地。教育的目的是要拯救国民的精神和肌体，是在建设国家，我们不能有狭隘的地方主义情绪，而着眼点必须要根据从一切有利于社会主义建设，一切为了动员力量为建设社会主义服务，大家齐心协力变消极因素为积极因素。交通大学生活在上海有60多年的历史了，同上海各方面关系密切，上海也还有需要，大家也都有了感情，但大家尽最大的可能来这里支援西北建设，来西安，我们由衷地表示热烈的欢迎。如果在座的各位吃不饱饭，欢迎都来我这里，我请大家吃羊肉泡馍，如果各位觉得这里的人民不够热情，那我第一个上门向你们谢罪，西北的老百姓是好客和淳朴的，我也是个外来户，你们看，我在这里不是就生活得好好的，现在让我走，我都舍不得这里的老百姓和羊肉泡馍呢。"

侯先生的热情感染了在座的每一位上海同仁，大家纷纷表示愿意留下来工作。

在高教部直接领导下，最终交通大学分设两地，有关院校也提出了进行相应调整的方案。1957年9月5日，周恩来总理致函杨秀峰部长，通知国务院正式批准交通大学分设两地的新方案。至此，交大的迁校问题才获得了妥善解决。

侯宗濂不仅关心兄弟院校的建设大计，而且非常重视科学研究的新动向,时刻清醒地认识到科学现代化对一个国家的推动作用。在 1962 年 8 月 11～12 日,苏联的东方三号、四号载人飞船进行了太空编队飞行。苏联成功发射两艘载人宇宙飞船的喜讯,一时间成为中国知识分子关注的大话题,侯宗濂先生就在给中央的建议书中赞扬苏联科学技术的这一崭新成就。他说:"此次发射的'东方三号'和'东方四号'是苏联科技的一大飞跃,其宇宙飞行员能够解开自身的绑系系统,在舱内自由移动,这比'东方一号'和'东方二号'前进了一大步。这明确地表明苏联在解决人在宇宙飞行时在长时间失重条件下的工作能力方面,已收到了良好的效果。它山之石,可以攻玉,比照我国在这方面,实际上和人家相比差距相当明显。我们应该也大力发展航天航空技术,迎头赶上,居安而思危。"

1955 年,是侯宗濂感到既欣慰又非常苦闷的一年。山雨欲来风满楼,不久因为胡风事件,全国忽然掀起了一场大规模的"反右倾运动",原来还包容欢洽的政治气氛一时间就烟消云散,对知识分子的错误政策进一步扩大。当时政治的沉重空气,更是压迫得人们喘不过气来。这个时候的侯宗濂,兼职竟达 24 个之多,一年有七八个月在外面开会。因为科学研究时间太少,他的心情变得十分苦闷。

第十章 关心国事 政党任职参政议政

他发牢骚："我都快变成千手观音了，分身也乏术。""这哪是干活，这明显是折磨人。""还不让人发牢骚，怎么可以？"由于中央对知识分子的政策急剧变化，大批的知识分子面临思想改造的问题，被戏称为"洗澡"，很多高级人才资源被浪费。侯宗濂曾经私下对朋友说："像我们这样用知识分子，国家是很难进步的。"

1956年1月14日，一个关系到中国知识分子前途和命运的大会——中共中央关于知识分子问题会议在北京举行，周恩来总理在大会上做了《关于知识分子问题的报告》。报告破天荒地第一次提出了知识分子已是"工人阶级的一部分"的科学论断，是党"依靠的主要建设力量"，把过去所提出的"团结、教育、改造"的旧政策一下子提升为"帮助、信任和依靠"的政策的新境界。

1957年2月，毛泽东在有1800多人出席的扩大的最高国务会议上发表了《关于正确处理人民内部矛盾的问题》的重要讲话；3月，他又在全国宣传工作会议上宣布："百花齐放、百家争鸣是一个基本性也是长期性的方针。领导我们的国家应该采取'放'的方针，就是放手让大家讲意见，使人们敢于说话，敢于批评，敢于争论。"后来到4月27日中共中央正式发出《关于整风运动的指示》后，全国各地轰轰烈烈地开展了学习活动，各级党政领导机关和高等学校、科学研究机构、文化艺术单位的党组织纷纷召开各种形式的座谈会，听取党内外群众的意见，欢迎大家"鸣"、"放"。中央政策的转变，让前些时段有些牢骚的侯宗濂也倍感欣慰。

1956年7月26、27日，中国农工民主党中央委员会、九三学社中央委员会分别举行招待茶会，侯宗濂与北京医学院教授、生理生化专家刘思职，寄生虫学专家冯兰州，药理学家周金璜，湖北医学院教授、药理学家陈伦会，南京大学教授、生化学家郑集，上海儿童医学院副院长苏祖斐，上海第二医学院教授、公共卫生学家陈邦宪等100多名医药卫生专家，济济一堂，座谈了当时在贯彻执行"百家争鸣"、"大鸣大放"方针中要克服哪些困难和创造哪些条件的问题。他们认为关于"百家争鸣"目前还应着重克服思想顾虑和人为障碍，破除偶像崇拜、权威迷信和门户之见，但更重要的是应立即行动起来，侯宗濂带头主张并表示愿意实际"拿出东西来，亲自动手，带头争鸣"。会议的气氛很好，侯先生也感到非常高兴，决定要好好开展讲真话的运动。

1965年，经国家科委批准，西北医学院成立了生理研究室，侯宗濂被任命为研究室主任。得知这个消息后，阎德润手书"老骥伏枥，志在千里，烈士暮年，壮心不已"相赠侯宗濂，侯宗濂也深深感到自己责任重大，有些如履薄冰了。但同时，他对国家的前途和命运充满着希望。

第十一章 "文革"时期
忧国忧民坚信光明

1966年注定是中国一个不寻常的年份。春日的一段时间，侯宗濂常常失眠，愈益浓重的政治气候让他感到烦躁不安和不可理解。甚嚣尘上的造神运动，每天广播中开始出现的"突出政治"、"最高指示"、"伟大领袖"、"爹亲娘亲不如毛主席亲"，等等，似乎含有深意。这一年的2月7日，以彭真为组长的"文化革命"五人小组向中共中央提出《关于当前学术讨论的汇报提纲》（简称《二月提纲》）。《二月提纲》试图对学术讨论中那些"左"的偏向加以适当的限制，并指出："讨论要坚持实事求是、在真理面前人人平等的原则，要以理服人，不要像学阀一样武断和以势压人。"无疑，这个提纲是正确的，但是为毛泽东所否定和批判，学术界的"左"倾思维从此得到了进一步的膨胀。

及至乍暖还寒的3月,忽然掀起了对吴晗、翦伯赞的批判,批判吴晗的《海瑞罢官》。"文化大革命"的大风暴日益迫近了。

侯先生越来越不明白下一步国家何去何从,加之繁忙的行政事务,他这段日子常常失眠,身体也颇有些不适。他独自坐在办公室里,有些空旷和无所适从,用手捏一下自己的合谷穴,不经意地感到捏穴位深部有一种奇怪而强烈的酸感,而这种感觉,当尝试在皮肤表层进行时,却又消失得无影无踪了。侯宗濂若有所思,但是一时也找不出什么头绪。

1966年,"文化大革命"开始了,天下大乱,学校的正常教学秩序被严重破坏。西安医学院也迅速被卷入这场内斗之中。侯宗濂是德日派系的科学家,在"文化大革命"的洪流中,自然一开始就被视为重点盯防的分子。但是因为侯老平时待人热心温和,而且人缘很好,所以在医学院师生中并没有掀起当年在福建医学院那般令人心寒的"倒侯"风潮,这一点算是在这场十年浩劫中幸运的个例。

1966年8月25日,《陕西日报》以《帝国主义和一切反动派都是纸老虎》为题,刊登了纪念毛泽东《和美国记者安娜·路易斯·斯特朗的谈话》发表20周年的有关文章。第四版刊登的是"毛主席检阅首都百万革命大军"的图片,两版都是"宣传毛泽东思想的版面",按说应该够"革命"的了,不料却祸从天降。当天下午到26日,西安交大、公路学院等院校2万多"革命师生",聚集并包围了《陕西日报》社,痛斥这天报纸第三版标题《帝国主义和一切反动派都是纸老虎》中的"帝国主义"和"纸老虎"几个字正好对准了第四版毛泽东像的头部中央,"反动派"几个字正好对准了陈伯达(时任中央"文革"组长)的头和脖子,认为这是编辑部"以偷天换日的手法,对我们伟大的领袖、伟大的统帅、伟大的舵手毛主席进行的恶毒侮辱",结果事情越闹越大,最终升级到对陕西省委的批评和揪斗。

在这个事件发生后,侯宗濂坚定站在维护以刘澜涛为首的西北局的正确一方,反对所谓的"革命师生"要求打倒省委的口号。

当时侯宗濂领导西安医学院师生和火炬小学等校的师生联合庆安公司、肉联厂冷库的部分职工,于8月26日贴出"我们最最强烈、最最坚决地谴责交大、冶院等校一小撮反革命分子借《陕西日报》在排版中三、四版的偶合大肆造谣生非,围攻我《陕西日报》社,破坏省委正常工作,并严重影响了社会秩序"的大字报,侯宗濂还指挥西安医学院的同志们撰写《这是精心策划吗?》的大字报,批评这些造谣闹事的人唯恐天下不乱。侯宗濂的坚定立场给当时处于危境的陕西省委以可贵的同情和声援。

对于这次事件，他在改革开放以后曾经认为：这起风格独具的"文字狱"，可谓奇之尤者。虽说其发动者并非大权在握的人物，而只是一些造反的师生；其成狱之由并非真的就是报上的文字犯了什么忌讳，而只是版位的某个偶然因素触发了某些"别有用心"者的灵感；其最后的裁决也并非最高当局直接、间接的干预，而似乎更像是运动浪潮合乎规则的推动，由此可见，群众运动在一定程度上是非常可怕的，不管其目的如何，都有可能成为政治使用的工具。

虽然后来陕西省委遭到冲击，正确的报社和西安医学院也只得低头道歉，但侯宗濂却一直坚持自己的观点：作为学生要好好上学，要爱国，但是不能盲目，不能过于极端化。这一种看法，在"文革"中被冷落，但却贯彻了他教育生涯的一生。

侯宗濂是衷心拥护和热爱共产党、毛主席的，1962年他被选为全国劳动模范，那一年在北京隆重举行了劳动模范表彰大会，侯宗濂光荣地出席了这次会议。在会议上，他受到了毛主席的亲自接见，主席那天穿着大衣，神采奕奕，握着侯宗濂的手赞扬道："侯先生，你是好样的，给中国医学争了光。中央希望你继续在科研

第十一章 "文革"时期 忧国忧民坚信光明

和教育上再立新功。"毛主席的手很有力。侯宗濂也不由心中一热,说:"谢谢主席的表扬,我一定会努力,您要身体健康!"多年以后,侯宗濂还时常可以感受到他老人家那种殷殷的嘱托深情。

但是"文革"以后,全国陷入踢开党委闹革命的大混乱之中,不少学校的教师被作为"牛鬼蛇神"任由学生揪斗,种种乱象让侯宗濂倍感痛心。

每天的阶级斗争此起彼伏,就连他主管的医学院也不能幸免,不少熟悉的同事和朋友被揪斗,如他的学生、主要助手陈向志,作为一名刚正不阿的知识分子,难逃被"左"倾路线打击的厄运。陈因为少年时参加过一个叫作"诚社"的国民党外围组织,因为在滇缅公路担任过国民党少校军医的罪名,被扣上了"反革命学术权威"的帽子,被停职,住牛棚,干清洁工的活。侯宗濂看到自己邀请的专家如此被羞辱,心里很不是滋味,但是又无力解救。侯先生回到家中,言谈明显少了,也没了那种雄心勃勃的劲头,经常都是一个人呆呆坐着发愣,他不明白为何会出现这种不可收拾的时局。这个阶段因为内心的矛盾和苦楚,他在办公室中扼腕叹息,结果日积月累,居然"因祸得福",形成了穴位针感感受器是深部感受器的想法。

真理总是长盛不衰的。虽然侯宗濂在这些日子里也迷茫和感到失落,他曾在信中说:"这样闹革命,只会是亲者痛,仇者快。""把那些权威和专家打倒,那是蔑视科学的无知行径。"侯先生在这个混乱的时间里,虽然工作受到极大干扰,但并没有完全放弃自己的科研追求。那时人心惶惶,实验室工作几乎陷入停顿,不少同事都去街上闹革命了,但是侯宗濂在短暂的迷思以后,还是逐渐静下心来,时常一个人在办公室里埋头钻研。曾经有好心的学生告诉他,这样很容易被一些狂热的红卫兵冠上"反动权威"、"漠视政治"的罪名,侯宗濂只是说:"我是拥护中央决定的,拥护毛主席的。我搞科研是我的工作,主席也是亲自肯定的",并不畏惧可能出现的安全问题。

　　侯先生此时已经年过半百,但是精力却还旺盛,由于积累着丰富的临床诊断经验,已经不再是轻视中医的完全西化的医生了,他对中医的态度在这些年的工作和教学中已经逐渐发生了转变。他曾经在日记中写道:"我的少年时期,学习西方医学,总认为西医追求的科学万能至上,科学在我看来,似乎可以解决一切疾病,科学可以拯救病重的祖国民众,而因为中医对我的弟弟妹妹的疾病毫无作用,因此颇有些瞧不起中医,认为他们的诊治原理莫名其妙,医生也不过是装神弄鬼。后来经过细心之思考和几十年的临床观察,中医确有不可思

第十一章 "文革"时期 忧国忧民坚信光明

议之功效,其以脉络气血为根基,讲求人身体的辩证和谐,可以纠正西医'头痛医头,脚痛医脚'的片面视角,似乎能够和建立于解剖生理基础上的西医科学互相补充了。"

侯宗濂的认识愈经深化,他的医学事业也就更为开阔了。为了弘扬祖国中医学的宝贵遗产,促进中西医的互补合作,侯宗濂结合自己的感觉开始了研究针刺镇痛原理。他把针刺穴位的生理功能与结构统一起来,尝试进行系统的综合深入研究,经过几年的努力,最终开辟了"针感生理学"这一新的学科研究领域。"针感"这是一个他原来并不熟悉的领域,确定这个目标时,侯宗濂已经是70岁了,但是他依然乐观,他曾笑言:"七十三,八十四,阎王不叫自己去,在阎王叫去之前,总不能啥都不干地等死,还是活一天就要干一天事情的。"已逾古稀之年的他知难而进,为了深入钻研,还如年轻人一样经常出入图书馆,阅读大量的文献资料,甚至为了取得准确的数据,他还在自己身上反复扎针体会不同的针感,进而采用形态与功能相结合的方法。侯先生一门心思放在这个新课题之上,以至于达到了"三月不知肉味"的境界。

据董笃一同志介绍,1972年的时候,由董承担的全国针麻学习班分配给他《我国对经络实质的研究》一文的写作任务。因为这正是侯先生在这一阶段中的主要突破方向，于是他就决定去找侯宗濂先生。虽然在"文革"中，埋头于学术研究被视为是错误的，本来这件事还是要冒一定风险的，正在他犹豫之际，不想侯先生却主动联络他。看到他拿来的论文后，侯宗濂非常高兴，他并不惧怕被批评为"单纯业务"，而是从该论文的体例、内容和文字等各方面，认真给董笃一提出了宝贵的意见，并且对董说："最近，我正在寻找我思考问题的突破口，你的这篇论文对我的启发很大，我要谢谢你。"结果，硬是要董和他一起吃了碗羊肉泡馍，董要付钱，却被侯宗濂挡住了，他说："今天的事情不是你要感谢我，而是我要感谢你。"

1972年，震惊中外的"九一三"事件已经发生，林彪摔死的消息恍如惊雷，令大批"文革"的沉迷者有种突兀之感。当董笃一提到自己想不通为何堂堂的中央副主席，党内的第二号人物最终会跑到蒙古的温都尔汗，搞得机毁人亡，问侯宗濂对当前时局的看法时，侯宗濂笑道："丰子恺说'莫谈国事'，那是因为怕安全问题，怕掉脑袋，这种办法很聪明，但我还是要谈的，我不怕，真话总是要有人说的。林彪摔死了，永远健康的副统帅都叛国了，看来现在搞得这一套在党内也是不得人心的，总有一天，'文革'也要'机毁人亡'，你想'文革'开始让人想不通,结束估计也是让人突兀的。"

董笃一后来受到了一定的冲击,但是他一直坚持相信侯宗濂说的"文革"也要机毁人亡的话。

经过长期不懈的努力,功夫不负有心人,侯宗濂所领导的研究小组取得了一系列引人注目的成果,概括起来有:①穴位针感感受器是深部感受器,针感并无特殊的感受器,而是根据穴位所处的环境不同,不同类型的穴位各有其为主的感受器;②穴位有相对的特异性;③由不同类型纤维传入的针刺冲动产生不同的感觉,但针感主要是由细纤维传入的;④各类纤维的传入均可产生镇痛作用,但针刺时兴奋的纤维越细,镇痛作用越强。"针刺镇痛原理"及"肌肉神经普通生理学"两项课题研究成果,否定了以往学术界普遍认为的"针感就是统一的酸、麻、胀、痛四位一体不可分割的"概念,并做出了新的科学论证。

侯宗濂的《针麻原理——穴位针感原理》及《肌肉神经普通生理学——应激、兴奋、抑制及适应》最终荣获了1978年全国科学大会奖。侯宗濂并获全国科学大会个人奖,同时获得了陕西省、卫生部颁发的科学大会奖。这些荣誉都是在"文革"结束、暖春到来以后才给予的,虽然晚些,但毕竟是迟来而未晚的荣誉。

侯宗濂这些获奖的科研成果基本的工作都是在"文

化大革命"这个寒冬刺骨的时期奠定的。

1976年四五月间,正是全国政局不大明朗的时期,周恩来总理于这年的1月去世,以纠正错误而上台、深得民心拥戴的邓小平因为进行"纠正"工作,又一次被"四人帮"无情打倒,"四人帮"篡夺国家最高权力的阴谋正在中南海紧锣密鼓地上演,祖国命运依然未卜,大家都感到前所未有的沉闷。

黎明前的黑暗下,侯宗濂曾有一次来到合肥,在这里他牵头召开全国针灸机理研究穴位特异性分题的汇报会。安徽医学院又把侯老请上了讲坛,这一次侯老是由他的学生和同事梅俊副教授陪同前来的,侯老当时已经76岁高龄了,但还是慨然应允做了大会的主题报告。

这一次,他在讲座前已经有些步履蹒跚了,开始先苦笑着说:"诸位同人,十余年前,我就曾经在这里讲课,我记得我还是走来的,当时的学生济济一堂,大家在大操场,欢声笑语,学术气氛非常的活跃。而今天,大家坐在这间屋子里,人也少了不少,原因大家也都基本清楚,是来不了了,来的看来也都变得有些沉默寡言了。其实大家不用这样垂头丧气的,什么事情,变化总是尚未可知,英国的雪莱不是说过:'冬天已经来临,春天还会远吗?'我相信党中央一定会给大家带来希望的。"

第十一章 "文革"时期 忧国忧民坚信光明

侯宗濂大致谈了西安医学院针麻研究室近年来的一系列研究工作,一口气讲了近两个小时,梅俊副教授又做了简短的发言。这一次,侯先生说:"上回我谈了两个多小时,今天就少谈些吧,一是我老了,精神上有些力不从心,而且我也知道大家都有说不出的压抑,如鲠在喉,不吐不快,我相信这宣泄的一天可能也不远了。"在座的同学们都发现,和十几年前相比,侯宗濂明显苍老了许多。

"文化大革命"是一场"造神运动",其本质是违反马克思主义"以人为本"的基本原则的,它把全国人民拖入一场无休无止的内斗之中,更是不得人心的。1976年9月9日,毛泽东主席逝世,仅仅一个月后,由"你办事,我放心"、毛主席推荐的华国锋主持的中共中央,在叶剑英等人的支持下,断然在怀仁堂采取措施,一举解决了"四人帮"问题。

"阶级斗争为纲"的口号被彻底放弃是在1978年召开的十一届三中全会的时候,被民众呼声推举出来的邓小平提出了"实践是检验真理的唯一标准"。由此掀起一场思想解放的大讨论,中央要求"解放思想,实事求是,团结一致向前看",那时候,很多人才意识到,并没有很好地掌握马克思主义。

侯宗濂能够坚信光明终会到来,这和他很早就注意学习马克思主义原理是分不开的，虽然侯先生并不是社会科学领域的专家学者，但是他一直注意用马克思主义的基本原理来认识问题和解决问题。

1976年，陕西省高等院校在西安交通大学举办自然辩证法讲习班的时候，侯宗濂就曾经是讲习班的哲学老师。这一点让很多人文科学类的专家都感到吃惊。

他还分别担任过陕西省高等院校系统和医学院自然辩证法研究会理事和名誉理事长。侯宗濂曾多次鼓励学员要认真学习体会马克思主义，他强调："马克思主义的核心是要取得人类的全部解放，这就要求人的全面发展，这个问题是要全面、辩证、发展地看，像'四人帮'这样的搞革命，只会是违背马克思主义的人的全面发展的，也必定是会失败的。"

"文化大革命"终于落幕了，全党的工作重心转到了社会主义经济建设上来，1977年12月21日，中共陕西省委召开干部大会，传达了党中央关于在全省点名批判原省委常委胡炜追随"四人帮"、结帮组派的严重错误。中共陕西省委书记李尔重主持了这次大会，省委第一书记李瑞山做了重要讲话。在24日的中国人民政治协商会议陕西省第五届委员会第一次会议上，侯宗濂当选为政协副主席。经过"文革"最艰苦的岁月，侯宗濂终于又可以扬眉吐气地笑了。

第十二章　壮心不已　老骥伏枥志在千里

党的十一届三中全会以后,"实践是检验真理的唯一标准"成为党内和社会民众共同认可的主流思潮,中国从此迎来了科学发展的春天,进入了历史上最好的发展时机,也创造了令人震惊的"中国速度"。

社会秩序一切步入正轨后,侯宗濂钻研的基础理论研究又得以进行,这对他是最为欣慰的事情。实验室的同志一起喝酒庆贺,侯宗濂笑道:"'四人帮'覆灭,你们别高兴过度了,著名诗人郭小川就是因为喝酒高兴过度而死的。"

为了系统地整理中国生理科学的百年成就,侯宗濂本人受卫生部委托,从20世纪80年代开始主编《医学百科全书·生理学》一书。该书是大部头系列丛书中的一部,任务重,内容繁多。侯宗濂担任主编以后,并没有做"甩手掌柜",而是承认在心情上"有些严肃的使命感",他从书籍体例、格式到组稿和编校等工作方面都严格把关。

他在给编委会成员开会时再三强调:"作书一定要认真负责,对得起读者。对得起组织的委托,对得起自己的学术良心。"因此,这部著作全部经过他认真仔细核对,对有问题、有疑惑的地方,侯宗濂首先是用红笔画出,然后逐一核实,做到了精益求精。

1980 年,正是祖国改革开放事业刚刚起步的时候,侯宗濂已经 80 岁高龄了,他写信给校务委员会请求辞去医学院院长的职务。他在信中言辞殷殷地说:"我来到西北医学院已经 30 个年头了,行走在医学院里的时候,看到这里的高楼和一个个精神饱满的员工,总是感到很骄傲,我们的医学院从无到有,凝聚着我在这里工作的无数的日日月月,伴随着无数的师生同人的努力。我当年力不能胜任,但是在特殊时期,勉为其难地出任院长一职,弹指之间,岁月如歌,自己如今已经 80 岁了,应该退下来,享受一下无官一身轻的舒展岁月,给年轻人施展才华的舞台。我国的新改革刚刚起步,我院一定会在这场新改革中取得更大的成就的。'桐花万里丹山路,雏凤清于老凤声',年轻人才是我院建设的生力军和我院美好明天的希望。"

侯宗濂虽然退休了,不再担任校领导,但是他依然时刻坚守在科研教学的岗位,仍然念念不忘医学院的建

第十二章 老骥伏枥 志在千里

设发展事业。1982年，医学院的学报遇到了发行上的一点困难，编辑部同仁正手足无措之际，侯宗濂知道了，他亲自写信给邮政局的领导，说明西安医学院作为西北地区一所较老的医学院校，在医学科学的发展和提高方面应该承担的重要责任，以及学报作为医院各项学术成果的载体在四化建设和信息交流中应该发挥的作用，恳切希望邮局能在发行方面给予协助。其实这名邮局负责同志并不认识侯宗濂，但当他看到这位知名老科学家写来的信时大为感动，于是同意批复。虽然邮政局在人力、物力、场地等诸多方面确实存在着困难，但他们还是采取措施，很快地解决了医学院学报的发行问题，这一转危为安，至今仍让学报编辑部的同志感动不已。

　　侯宗濂退休后没有闷在家里，仍时刻关注医学院的建设工作。他非常重视选拔人才，培养学术的梯队。有一次，侯宗濂在学校的老干部座谈会上呼吁学校要把开发学生智力放在教学的第一位，要求加强外语教学，提高教师素质，反对降低考题水平。他并批评："当前一些学校私自降低考试的难度，甚至提前泄露考题，招生成为一种有经济利益可图的事情。这是很荒唐的，招生工作的目的是为了选拔人才，这一点一定要严格要求，不能让滥竽充数之辈混进医学队伍。有些学生不重视外语学习，不了解外国医学的新趋势，而是喜欢闭门造车，夸夸其谈，这是十分危险的。如果和国际医学前沿交流不够，只会被国际水准所抛弃。"

在晚年的岁月，他把主要精力放在了对研究生的悉心培养上。他共计培养了8名硕士和5名博士。有博士生回忆说："这个时候的课程，我们一般在实验室里或者侯宗濂老师的家里上，侯老师虽然年纪大了，但是精神还算矍铄。上课的时候，他很注重我们的自主学习，经常讲当年在德国那边他的导师的那种教学方法。他每次都让大家提几个问题，然后利用一段时间给大家讨论，鼓励大家踊跃发言。开始大家都比较紧张，他也不着急，而是使用启发手段，鼓励大家慢慢讲，甚至他还要求大家说些笑话，活跃轻松气氛，等大家都畅所欲言了，他再做些评点工作。"侯老师的课程气氛活跃，有学生还说："侯老师曾经说：'有的老师讲的东西你们翻翻相关书籍都明白了，这种老师就是个字典的转化作用，我不做这种字典，有的老师讲的话虽不多，但是却画龙点睛，在课本上字典上找不到，却可以启发学生深入思考，逐层展开，我希望我能够是这样的老师。'侯老师就是这样警醒自己的。他常常告诉我们：'每一天都要想想自己做了什么，该做什么，什么该做。要做到的是问心无愧，要每天都有所心得。'在家里上课的时候，侯老师总是给大家每人准备一些水果零食，倒上

第十二章 老骥伏枥 志在千里

水,边吃边上课。他对有的老师所谓的师道尊严也有自己的一番解释:'所谓师道,学高为师,身正为范,有的老师喜欢正襟危坐,高高在上,和学生有很大的心理距离,这是一种不良的倾向。如果老师能够和学生并肩畅谈,上课也能够让人如沐春风,不仅老师不难受,学生也备感亲切,何乐而不为呢?'"

除此,侯宗濂虽是老同志,但丝毫没有官僚的习气。

曾任陕西中医学院生理教研室主任的董笃一记得1982年的一天,82岁高龄的侯宗濂突然来到了陕西中医学院,为研究生答辩的事找他。董笃一说:"您有事打个电话就行了,我去找你即可,反倒还让你亲自跑一趟,太不好意思。"侯宗濂却谦逊地说:"我现在退休了,比你的时间多,还是我来找你,省事。"

1982年,宣传部门受科学普及出版社之约,准备让人给他写一部书,宣传他的一生。侯宗濂知晓后,很生气地打电话到宣传部:"我有什么好写的,别搞这个表面文章。"

宣传部门好说歹说,他才勉强同意。要写就得找个负责任的同志,为此宣传部门专门找来了唐耀明。唐是湖南湘潭人,中共党员,曾担任西安医科大学卫生管理系党总支书。他是中国卫生法学会第一届理事,1963年以后,他被调到西安医学院,一直在医学院党委宣传部门任职,因此和侯宗濂较为熟悉,组织决定,由他出面,亲自去拜访侯宗濂。不想这次见面,侯先生对唐很不友好,告诉他说:"我听说你们要给我出本书,介绍我,这是自我宣传,没有这个必要。你和我经常一起聊天,却一直不告诉我,这算什么朋友?"唐耀明说:"您是我们的校长,而且才退下来,学校需要你的帮助,宣传的工作还是要做的。而且由我来做,不会乱写,你总可放心了吧。"侯先生道:"我最近退休在家,看了一些书,发现这些书现在错误很多,白纸黑字的,很糟糕,希望如果真要做,那就要对得起读者,别说瞎话,要实事求是,认认真真的。""读书应当如此,编书更应当如此。若非如此,'隐性差错'就会从我们的眼皮子底下溜过去。不是吗?"

最终唐耀明认真撰写了《著名生理学家侯宗濂》一文,交给了科学普及出版社。

侯宗濂一生追求真理,矢志不移,而且为了启发后人,他多次恳切地对后辈谈自己的治学心得。1984年的时候,他还为此撰写了《多问些为什么,不断推动对真理的认识》的文章。他在文章中写道:"深感自己的工作与人民的要求相距很远,没有什么经验可谈。但盛意难却,只有将我走过的道路写出来,作为青年生理学工作者的参考,有的甚至是反面的教训,可以借鉴。我

第十二章 老骥伏枥 志在千里

觉得反面的东西也是有用的；批判反面的，或者说有对立面的争鸣，才能推动学术的加速前进，使学术更加繁荣。春秋战国时期，'各是其是，各非其非'、'白马非马'、'坚白之争'等论争，不正是推动学术前进的重要动力吗？"侯宗濂还向他的学生多次语重心长地讲："我80多岁了，搞了一辈子生理学。我不仅热爱生理学，也热爱哲学。生理学和其他科学一样是讲道理的，而讲道理就离不开哲学。""没有思维就没有科学。出成果，选人才，感性认识向理性认识的飞跃是关键。"又说："读书、研究，要多问几个为什么"，"科学研究要从已有结论潜在的暗点起步"。"人听不进不同意见时，就是认为自己对了，当认为自己什么都对时，就落后了。""我们阅读文献的时候，必须用分析的眼光来看，以怀疑的态度来看……必须这样读书，才能找出问题。"这些论断无疑都很有见地。

85岁的时候，侯先生迎来了人生一个伟大而光荣的时刻，他入党了。侯宗濂对中国共产党的认识其实比较早，像侯外庐先生等都给他展现了共产党的相关主张。但是新中国成立前，侯宗濂对党的认识一直比较模糊，新中国成立以后，在他的教育生涯中，多次对共产党人所表现的高风亮节深为折服。

在晚年退休以后，他仍积极追求政治的进步，于是数次给上级写信要求加入中国共产党。他在给组织部门的申请书上诚恳谈道：

"说实话，我已经是行将就木的人了，一辈子就这样过来了，在别人眼里，也没有几年的活头了，我的入党申请也许是太晚了，但是我想，马克思主义既然要实现人类解放的美好愿景，那就应该对一位老人的志愿表示包容和接纳。我很早的时候，生活在被日本殖民化的沈阳，由于受到日本方面的错误宣传，对共产党有一些错误的认识和偏见。但是后来到日本留学，风闻过河上肇先生的超凡魅力；回国执教于北平医科大学，与侯外庐先生熟稔，对马克思主义才有了较为深刻的认知。虽然当时心理还颇有些矛盾和不解之处，但对为党献身之精神和志士仁人的激烈英勇还是深为钦佩的。在福建医学院主政时期，对我党在学生中的影响力深感吃惊和赞赏。但是终因各种原因没有机会加入我党，深以为恨。

"新中国成立以后，耳闻目睹共产党人在各条战线上为祖国之建设事业日夜操劳，亲见周恩来总理'周公吐哺，天下归心'的高风大德，内心逐渐明白共产党人为天下穷人得解放的宗旨是何等的宏阔与真实，自己的私心杂念也在这种环境中被彻底改造，彻底洗涤。今天虽然我已经80多岁了，但是这丝毫不影响我对共产党组织的钦佩和向往，希望组织能够批准一个老人的心愿，那

第十二章 老骥伏枥 志在千里

就是无论年龄,都可以一辈子全心全意地为人民服务,都可以为人类伟大而壮丽的解放事业而英勇献身。"

组织部门最终批准了他的入党申请。侯宗濂先生终于在85岁高龄实现了一个伟大共产主义战士的理想追求。可以说,侯宗濂先生虽然从程序上而言只是一个晚年党员,但是"全心全意为人民服务"的共产主义宗旨却一直是他作为医生为之奋斗了一生的永恒信念和不朽的坐标。

85岁以后,虽然侯宗濂先生的身体状况不好,但他还是壮志不减当年,又亲自率领他的同事和研究生们重新投入了科学研究事业。

侯先生曾经说:"最美不过夕阳红","时不我待,我能活几年,就要认认真真地为祖国和人民工作几年"。"以前我所做出的科学观点不少都只是一种推论,我现在需要的是事实依据来验证。""马克思如果要我现在去见他,那我希望自己能够把自己的工作交代好,心无遗憾的,并且看到年轻的同志接上班,我就可以对马克思说,我是你们一名忠诚的党员。"

晚年的侯宗濂认真地坚守着科研岗位,经常顾不上年老体衰。有些学生见他这么大年龄了,还是常来实验室,穿着工作服做研究,就劝他多注意休息,但这种好心被侯先生拒绝了,他明确地说:"实验室就是我的阵地、我的家，我是老了，但是我不能离开它，离开它我就觉得有种莫名的失落和无所适从。"

通过大量的事实研究，侯宗濂在最后的几年岁月中证明了 a 可以在各种不同条件下正确反映兴奋性，而其他任何一种"指标"均不能准确反映这个问题。侯宗濂还带领他的骨干团队，用现代电生理学的方法，研究了 a、b 两常数和兴奋发展过程各阶段与膜离子通道活动的紧密关系，取得了很有意义的实验结果，表明他以前提出的推论是符合实际的。

这个结果出来后，侯宗濂曾高兴地说："总害怕还有什么事情不能解决，现在看来，只要我的团队努力，我个人生命即将终结，但是却没有什么遗憾了。"

直到逝世前不久，他躺在病床上仍在冥思苦想如何把这一领域的研究深入地进行下去。

1992 年，侯宗濂已经是 92 岁的高龄了。他的身体状况发生了衰变，不久就卧病不起了，有一天，在学校中，他的学生，也是一位满头白发的老人用轮椅推着病卧在床的侯宗濂出来散心，侯宗濂呢喃着医学院的新住院大楼何时建设，期待着医学院发展的美好未来……

3 月 17 日，侯先生最终离开了我们，离开了他一生所深爱的祖国医学事业。按其生前的遗嘱，家属将部分骨灰埋在福建医学院交通路校区的基础楼前的草坪下，

第十二章 老骥伏枥 志在千里

以慰其对福建医学院的深切感情。

侯宗濂先生享年 92 岁。侯宗濂的一生是怀着理想信念、执着奋斗的一生，他的人生，是中国老一辈知识分子的典型写照。我们不能忘记这位对医学事业有着如此痴情和重大贡献的前辈学者，正是他及他那一代人的付出，才有了我们今天不朽的辉煌的事业。

附录

多问些为什么,不断推动对真理的认识

侯宗濂

编者的话:西安交通大学医学院(原西安医学院、西安医科大学)生理学教授侯宗濂先生,是我国老一辈著名的生理学家和医学教育家。他勤勤恳恳兢兢业业,从事生理学教学和科研工作将近72个春秋。他还曾多年担任医学行政工作,对我国医学教育的发展也做出了重要贡献。

《生理科学进展》编辑部约我谈谈从事生理学工作65年的经验体会。回忆一下,深感自己的工作与人民的要求相距很远,没有什么经验可谈。但盛意难却,只有将我走过的道路写出来,作为青年生理学工作者的参考,有的甚至是反面的教训,可以借鉴。我觉得反面的东西也是有用的;批判反面的,或者说有对立面的争鸣,才能推动学术的加速前进,使学术更加繁荣。春秋战国时期,"各是其是,各非其非"、"白马非马"、"坚

白之争"等论争,不正是推动学术前进的重要动力吗?

1920年我毕业于南满医学堂(几年后升为满洲医科大学)。毕业时我本愿做内科医生,为人民解除病魔之苦,但因为院教授会认为我做基础理论研究较为适当,就做出决议,劝我钻研基础医学。这样,才进入生理教室。我的启蒙老师是世界知名的日本生理学家久野宁教授,他给我留下深刻的印象。他治学严谨,工作勤奋,读书总是到深夜。我初到教室时,他首先要我多读一些教科书,而且要细读、深思,经常要问些"为什么",有错没有?就是要有分析有批判地读。要有信有疑,相信对的,怀疑错的。我国古人有一句话:"尽信书则不如无书",是有一定道理的。

久野教授还教导我做科研时提出问题之后,先看教科书上有无论述,顺序涉猎综述、专著等有关篇章,再查阅有关论文。平时也要每天阅读新书、新杂志,选读论文、文摘,达到既渊又博,才能掌握生理学在世界上发展的现状、新趋势。老师这些教导,给我打下了一个做学问的基础。

进教室不久就开始做科研,两年中涉及呼吸、循环和发汗等方面,因而读书面较宽。在这一两年的工作中,我觉得发汗与季节有关,是一个有趣味的问题,冷天室温到34℃才发汗,而热天室温到32℃就发汗。这也是我进教室以来发表的第一篇论文。有关循环的工作只做出初步成果,老师就派我去日本京都大学进修,专门进行科研,以便更广泛地开拓知识面。

到京都的第一年在石川教授指导下进行肌肉神经普通生理学的研究工作。由于他同时指导十几个研究生、进修生和助教,所以对每个人不能一一详尽指导,论文完全要自己写。犹如把一个小孩投入水里,让他(她)自己去学游泳一样。现在回忆起来,这对培养我的独立工作能力大有好处。第二年在正路教授指导下,进入生物物理化学有关学科工作。在这里发生一件有趣的事情,足资记述。我做了一项研究反驳了 Michaelis(米歇利斯——编注)教授的工作。他曾写过《数学在生物学中的应用》一书,书中也讲到在实验工作中如何分组的问题,可是他在一篇论文中恰恰在分组问题上出了差错。可见任何人在科研工作中一点也不能疏忽。二年期满返校后,又做了些补充研究,1926 年 4 月在日本京都大学通过了博士论文,由日本文部省(教育部)批准授予我医学博士学位,并获得了河西奖奖章,同时满洲医科大学提升我为副教授。

1930～1931 年,学校又派我到德奥留学一年半时间,这是当时日本各大学的惯例。在奥国时出现几件有意义的事情。奥国因斯布鲁克大学生理教室,以前曾有位留学生做过一篇论文，发表后老师看有问题，要我重做。我发现问题在前人用 Lucas 摆时开关处出了问题，纠正错误后就得出了正常应有的结果。还有一次，帮我老师指导工作的一位讲师，要我做一项工作，我感到设计有些问题，我向他反映他不肯改正。恰遇复活节放假三天，我就利用假期，在他不上班时，按我的设计做了实验。他看了我的实验结果后，才同意了我的设计。另外一次，当我做不出应有的结果时，感到很奇怪。问了老师他也说不出原因。我反复考虑，在我的工作中有没有出差错。想来想去，想到可能是工人在洗乳钵时，留下了洗涤液中的硫酸。我随即亲自洗涤乳钵和其他一切玻璃器皿，随之就出现了应有的结果。在实验中，老师没有亲自动手，不身临其境，怎么会知道毛病所在呢？因此，我得到一个深刻教训：指导科研工作的教师绝不能忽视类似这样的问题。大概是因为有上述一些事例，布吕克教授批准我在 *Pflueger's Archiv* 上用教授名义发表了论文。1931年还是德国生理学的兴盛时期，给我这样称号，是一个很大的光荣。

1931年9月初回国后不久就发生了"九一八事变"，我就由沈阳转到北平大学医学院任教。当时该校已成立将近20年，我到任后才开设了生理实验课，开展了科研工作。1937年，"七七事变"前不久，北平已不安定，经友人敦劝，我又去福建创建了福建医学院。在那里，我倡导许多有水平的教授都开展了学生科研小组，并将成果编印成册。在建校五周年时，还编印了科学论文专辑，这在初创的学校，又是抗战时期，应该说是不易做到的事情。1944年仍在抗战时期，无人愿到西北，我又被强邀到西北医学院（现在的西安交通大学医学院）工作。

新中国成立后，正计划开展科研工作，恰好有机会到苏联参观，访问了巴甫洛夫生理研究所，了解到苏联的科研方向，同时党号召理论联系实际。这促使我考虑在奥国时曾做过的关于兴奋性指标的问题。当时我批判了法国Lapicque（拉皮克——编注）院士提出的时值（chronaxie），并指出应该找出一个新的尺度作为指标，来衡量兴奋性。这项工作既是理论工作，又能应用于临床医学（现应用的范围越来越广）。1955年初，我就又开展了这项工作。1957年我在苏联生理学杂志上发表了一篇论文，提出用"标准时值"作为测量兴奋性的指标。经过一段工作后，1959年我又写了一篇论文，论证了用Weiss式中的常数a作为兴奋性的指标，更为恰当，并有其他一些论述，希望在国内发表。可是国内同道对此争论不休，特别是在1962年的生理学学术会议上，争论得尤为激烈。当时我想不通，为什么同志们会提出这许多意见？经过几次争论，反复思考，我重新写了文章,再回顾旧文才恍然大悟。原来是我从前没有说明白,没有写明白,实质上就是自己也没有完全了解清楚,这是最本质的原因,但有人提不同意见是好事,不管提的意见是对是错,都会促使人们去深入思考,这只会对真理的认识越来越深入,使工作的结果越来越接近真理。应该感谢那些提不同意见的同志们的好意。

在讨论兴奋性指标的问题上,我们按一般演算规律分析了 Weiss 式。$i=\frac{a}{t}+b$;$i-b=\frac{a}{t}$。给它加上一个得数 I,就成为:$i-b=\frac{a}{t}=I$;分而为二,并移项后,提出如下公式:$i=I+b$;$a=It$。

经过实验和理论研究,证明标准电量 a 是反映兴奋性的指标。在电量达到 a 时就产生锋电位,也就是产生了一些可以扩布的兴奋。因而它必然是兴奋性的指标,而且它也是促使产生兴奋的动力。而 Lapicqe 院士则是使 Weiss 式中的 $i=2b$,用 $i=2b$ 代替我们演算出来的 $i=I+b$,这是不可能的。因为只有在强度时间曲线上,$b=I$ 的一点在数量上 $i=2b$,但在性质上 I 与 b 不同,在各种生活机能发生变化时,二者的变化是不同的,不能用 b 代替 I。还有基强度中 b,大于 Weiss 式中的 b。有这两点,$i=2b$ 这一公式是不能成立的,因而从它演算出来的 $a/b=\tau$(时值)(按 τ 是一个希腊字母,读"tao"),也就从理论上不能成立了。而且经过多次实验，证明时值是不能正确反映兴奋性的。这项工作还在发展中，继续研究下去可能获得更多的成果。

1972年秋，国家科委批准在西安医学院建立生理学研究室。研究室成立不久，十年内乱开始，就被迫停止了工作。1972年，响应周总理号召，开始了针刺镇痛原理的研究。在十年内乱前夕，曾手捏合谷，感到捏穴位深部才有酸感，而捏穴位处的皮肤则无此感觉。据此就形成了穴位针感感受器是深部感受器的想法。我总觉得研究镇痛也好，研究针灸治疗也好，解剖学和生理学是基础，所以就开始了穴位结构及生理功能的研究工作。首先肯定了穴位针感感受器主要是深部感受器，而且根据穴位所处位置不同，它的针感感受器也有不同的情况。根据穴位所处环境不同，可将它们分成五类。在研究针感感受器时，就根据某些情况推想针感及镇痛都主要是细纤维的作用。近年来在一系列工作、特别是用钨丝微电极在人体证明，针刺 a 类纤维主要感到麻，针刺 I 类纤维主要感到重、胀，针刺 IV 类纤维才感到酸胀。关于镇痛作用，则是纤维越细，镇痛作用越强。我们还论证了穴位相对特异性产生于中枢，由于传导路径不同，才在不同部位产生作用。我们还附带证明了穴位肌电是梭内肌发放的。

以上两项成果，在1978年全国科学大会上得到奖状,这是党的关怀。最后,在结束这篇短文时,我认为,我们科学工作者的工作方法,应当是以可靠的事实为依据,用科学方法、辩证思维,进行分析考虑。要认真对待不同意见,用"坚持真理、修正错误"的态度来回答不同意见者。这样才能少犯错误,也是在科研工作中应该采取的态度。附打油诗一首以明志:

八五年华瞬息过　　振兴中华齐努力
雄心壮志未消磨　　勇攀高峰战曲折

(1984年)

侯宗濂教授论著目录

中文论著

1. 侯宗濂,柳安昌.费氏间隙之真像.中国生理学杂志 1932,7:61.

2. 侯宗濂,贾国藩.交感神经对于心脏紧张之影响.中国生理学杂志 1933,7:51.

3. 侯宗濂.平流电开放刺激阀何以较低于其闭锁刺激者.中国生理学杂志 1934,7:159.

4. 侯宗濂.开放刺激之时紧张曲线.中国生理学杂志 1934,8:237.

5. 侯宗濂,贾国藩.蓄电器放电时之费氏间隙.中国生理学杂志 1934,8:261.

6. 侯宗濂.顾氏间隙之研究.中国生理学杂志 1934,8:297.

7. 侯宗濂.驳森惠藏君"钾及钙对于费氏间隙之作用"之论文."国立北平大学医学院"二十周年纪念刊 1934,47.

8．侯宗濂，李茂之等．短持续电流刺激所生两极兴奋及费氏间隙之研究简报．福建省立医学院五周年纪念论文集 1942，51．

9．侯宗濂，贾国藩．短持续电流所生之顾氏间隙及其成立原因之探讨．福建省立医学院建院五周年论文集 1942，5．

10．侯宗濂，方怀石．鹿寿草的药理作用（初步研究报告）．台湾医学杂志 1946．

11．王兆麟（侯宗濂指导）．温度对蟾蜍神经兴奋性的影响（摘要）．西安医学院建国十周年论文摘要 1959．

12．陈婉梅（侯宗濂指导）．电紧张变化对蟾蜍神经兴奋性的影响（摘要）．西安医学院建国十周年论文摘要 1959．

13．杨继声，蔡海江等（侯宗濂指导）．标准时值与时值在反映兴奋性方面的比较（摘要）．西安医学院建国十周年论文摘要 1959．

14．李孝光（侯宗濂指导）．上行容电器放电刺激所产生的费氏间隙（摘要）．西安医学院建国十周年论文摘要 1959．

15．程珍风，梅俊（侯宗濂指导）．交感神经对兔、狗心肌紧张的影响（摘要）．西安医学院建国十周年论文摘要 1959．

16．王竹荪（侯宗濂指导）．蟾蜍在体心肌紧张的初步观察（摘要）．西安医学院建国十周年论文摘要 1959．

17．朱衡（侯宗濂指导）．离体蟾蜍心肌紧张的研究（摘要）．西安医学院建国十周年论文摘要 1959．

18．朱衡，陈隆顺（侯宗濂指导）．离体蟾蜍心肌紧张性的液递证明（摘要）．西安医学院建国十周年论文摘要 1959．

19．侯宗濂．兴奋性的三个因素及其相互关系（综述）．科学与技术 1957，1-8．

20．侯宗濂，王兆麟，陈婉梅．一个正确反映兴奋性的时间因素的指标．西安医学院学报 1957，1：1-8．

21．李元犯，杨继声（侯宗濂指导）．二五倍十倍强度基所得的"时值"是否可以作为"时间"兴奋性的标准．西安医学院学报 1957，1：8-10．

22．侯宗濂．应激性及兴奋性是各自独立的可兴奋组织的特性（综述）．生理学进展 1963，5：379—387．

23．侯宗濂．正确反映兴奋性指标及应激性与兴奋性分离．生理学报 1963，26：282—290．

24．李孝光（侯宗濂指导）．容电器放电的下行脚是否可成刺激（摘要）．西安医学院论文摘要选集 1972．

25．牛汉璋（侯宗濂指导）．从麻醉观察应激性和兴奋性的可分（摘要）．西安医学院论文摘要选集

1972.

26．牛汉璋（侯宗濂指导）．从刺激－兴奋潜伏期观察兴奋过程的发展．未发表资料．

27．程珍凤（侯宗濂指导）．兴奋过程发展阶段性－刺激作用时间过程中的阶段性（摘要）．西安医学院论文摘要选集 1972.

28．石大蹼（侯宗濂指导）．阈值及时间阈值不能正确反映兴奋性（摘要）．西安医学院论文摘要选集 1972.

29．陈婉梅（侯宗濂指导）．电紧张变化对蟾蜍神经应激性及兴奋性的影响（摘要）．西安医学院论文摘要选集 1972.

30．梅俊（侯宗濂指导）．坡度时间曲线及刺激阈立体（摘要）．西安医学院论文摘要选集 1972.

31．牛汉璋等（侯宗濂整理）．神经的应激、兴奋和适应（综述）．西安医学院论文摘要选集 1972.

32．侯宗濂．从寻求正确反映兴奋性指标出发，探讨应激、兴奋和适应．（综述，未发）

33．侯宗濂，张可仁．关于合谷区穴位感受器形态学研究Ⅰ．陕西新医药 1973，1-2 合刊．

34．侯宗濂，张可仁．关于合谷区穴位感受器形态学研究Ⅰ．陕西新医药 1973，4.

35．侯宗濂，张可仁．关于合谷区穴位感受器形态学研究．陕西新医药 1973，5.

36．杨继声，张万年（侯宗濂指导）．针刺家兔"合谷"的镇痛作用及其冲动的传入途径．陕西新医药 1973，6．

37．梅俊，许源（侯宗濂指导）．针刺麻醉原理的生理学研究．陕西新医药 1974，5（17），21—22．

38．侯宗濂．关于合谷区穴位的针感感受器及其传入径路（综述）．针刺麻醉原理的探讨．人民卫生出版社 1974，49．

39．张可仁（侯宗濂指导）．足三里针感感受器形态学研究．西安医学院学报 1975，1：45．

40．李孝光，王克模（侯宗濂指导）．用阻断血行法检验针感的传入纤维类别．陕西新医药 1975，1：51．

41．王克模，李孝光等（侯宗濂指导）．三碘季胺酚及箭毒对穴位肌电的影响．西安医学院学报 1975，1：64．

42．袁斌，唐敬师（侯宗濂指导）．针刺"合谷区"穴位所兴奋的深部感受器及其传入纤维类别．西安医学院学报 1975，1：56．

43．张可仁（侯宗濂指导）．头皮部分穴位的形态学观察小结．西安医学院学报 1975，1：84．

44．侯宗濂．合谷区穴位针感感受器及其传入纤维类别（综述）．西安医学院学报 1975，1：71．

45．陈隆顺，袁斌（侯宗濂指导）．人体针感规律和针感与手下感关系的观察．西安医学院学报 1976，

4∶1.

46．唐敬师（西医），于秉振，刘景璋（山医）（侯宗濂指导）．针刺"内关区"所兴奋的深部感受器及其传入纤维类别．西安医学院学报 1976，4∶18.

47．王克模，唐敬师（西医），于秉振，尚舫（山医）等（侯宗濂指导）．静注肌松剂及切断神经对动物穴位肌电的影响．西安医学院学报 1976，4∶27.

48．李孝光，王克模（侯宗濂指导）．针感与穴位肌电之间的相互关系．西安医学院学报 1976，4∶34.

49．王克模（西医），剂磊，尚舫（山医）（侯宗濂指导）．针刺内关、合谷穴位肌电及针感感觉特征的观察．西安医学院学报 1976，4∶9.

50．房台生（侯宗濂指导）．肌梭作为针感感受器可能性的探讨．西安医学院学报 1976，4∶50.

51．梅俊，樊小力（侯宗濂指导）．猫合谷区传入，类纤维与针感感受器的关系．西安医学院学报 1976，4∶56.

52．梅俊，樊小力（侯宗濂指导）．针刺猫腓肠肌区域所兴奋的深部感受器及其传入纤维类别．西安医学院学报 1976，4∶81.

53．侯宗濂．以合谷区穴位为典型的研究穴位与针感的进展情况（综述）．西安医学院学报 1976，4∶72.

54．侯宗濂．探讨穴位相对特异性（综述）．西安医学院学报 1976，4∶92.

55．侯宗濂．中西医结合探讨经络实质（综述）．西安医学院学报 1976，4：97．

56．侯宗濂．穴位与针感专题研究进展（综述）（全国进展情况）．针刺麻醉 1977，2-3：1．

57．牛汉璋，唐敬师（侯宗濂指导）．针刺对家兔屈肌反射的抑制效应．陕西新医药 1977，5：51．

58．侯宗濂．穴位与针感研究进展（综述本室工作）．陕西新医药 1978，2：51．

59．梅俊，卢德生等（侯宗濂指导）．硬膜外麻醉下针感和各种感觉变化的关系．陕西医药资料 1978，4：28—31．

60．梅俊，钱效杰（侯宗濂指导）．猫"列缺穴"各类感受器及其传入纤维类别．陕西医药资料 1978，4：32—40．

61．陈隆顺，樊小力（侯宗濂指导）．针刺对清醒动物血管运动痛反应的抑制效应．陕西医药资料 1978，4，23—27．

62．陈隆顺，唐敬师（侯宗濂指导）．针刺"足三里"等穴对实验性痛反应的抑制效应．陕西新医药 1980，9（7）：53—55．

63．陈隆顺，樊小力等（侯宗濂指导）．钠络酮对细纤维镇痛作用的影响．全国针灸针麻学术讨论会交流 1980．

64．唐敬师，刘兴中等（侯宗濂指导）．远近节段高低频电针各类纤维镇痛中的进一步比较．全国针灸针麻学术会议交流 1980．

65．陈隆顺（侯宗濂指导）．针刺镇痛传入纤维的分析（综述）．全国针灸针麻学术讨论会交流 1980．

66．尹蕊，陈隆顺，唐敬师等（侯宗濂指导）．针刺镇痛传入纤维的分析．科学通报 1980，16：563—572．

67．陈隆顺，樊小力等（侯宗濂指导）．各类传入纤维在针刺镇痛中的作用．西安医学院学报 1981，2（1）：97-103．

68．唐敬师，阎剑群（侯宗濂指导）．肌肉收缩对穴位肌电的抑制效应．生理学报 1981，33（3）：303—307．

69．陈隆顺（侯宗濂指导）．体针穴位针感感受器及其传入纤维类别．《针灸研究进展》，中医研究院编，人民卫生出版社 1981，126—133．

70．王克模，姚世民（侯宗濂指导）．钨丝微电极法研究人体内关穴的传入纤维．西安医学院学报 1981，2（4）：447—451．

71．唐敬师，陈隆顺等（侯宗濂指导）．直流电阻滞粗神经纤维对针刺镇痛作用的研究．中华医学杂志 1981，61（5）：267—269．

72．侯宗濂，唐敬师等．针刺镇痛传入纤维的研究．全国生理学学术会议专题报告资料 1981．

73．陈隆顺，袁斌等（侯宗濂指导）．针刺镇痛传入纤维进一步研究．陕西省生理学科学成果选编1981，11：224—228．

74．侯宗濂，唐敬师．针刺镇痛传入纤维的研究．日中医学协会会刊（日中医学学术会特别讲演摘要）1981．

75．王克模，姚世民（侯宗濂指导）．钨丝微电极法研究人体内关穴的传入纤维．中国生理科学1981年生理学学术会议论文摘要汇编1981，95．

76．王克模，唐敬师等（侯宗濂指导）．家兔远近节段镇痛冲动传入纤维的比较．动物学报1982，28（2）：136—140．

77．袁斌，赵晏等（侯宗濂指导）．用奴佛卡因阻滞细纤维对电针镇痛作用的影响．科学通报1982，22：1424—1427．

78．侯宗濂，唐敬师．针刺镇痛传入纤维的研究．日中医学1982，4（4）：14-21．

79．唐敬师，胡爱玲（侯宗濂指导）．各类传入神经纤维在不同条件下的镇痛作用及其机制的探讨．西安医学院学报1983，14（1）：1-6．

80．赵晏，袁斌等（侯宗濂指导）．"内膝眼"穴位的针感感受器．科学通报1983，28（17）：1071—1074．

81．王克模等（侯宗濂指导）．周围性面瘫针刺治疗前后肌电图观察．陕西中医针灸专刊 1983，38.

82．赵晏（侯宗濂指导）．关节感受器的特性．西安医学院学报·副刊 1983，4：8—16.

83．赵晏，史文春（侯宗濂指导）．针刺手法对感受器发放的影响．陕西省生理学会年会论文摘要汇编 1983.

84．赵晏，冯琪（侯宗濂指导）．针刺"合谷"和"足三里"穴对家兔二腹肌肌电的抑制效应．陕西省生理科学年会论文摘要汇编 1983.

85．赵晏，冯琪（侯宗濂指导）．粗纤维阻滞与针刺镇痛的关系．陕西省生理科学年会论文摘要汇编 1983.

86．赵晏，冯琪（侯宗濂指导）．细纤维阻滞对针刺镇痛的影响．陕西省生理科学年会论文摘要汇编 1983.

87．陈隆顺（侯宗濂指导）．无髓纤维研究的进展．西安医学院学报 1983，2：205—209.

88．王克模，陈隆顺（侯宗濂指导）．人体躯体感觉和本体感初级传入活动研究的进展．生理科学进展 1984；15（3）：295—297.

外文论著

1. C L Hou. OX.The Permeability of the bladder epithelium to water, salt and urea. J Biophysics 1925; 1: 177.

2. C L Hou. The influence of temperature on the value of hydrogen ion exponent of the blood measured. J Biophysics 1925; 1: 163.

3. C L Hou. The influence of dilution on the hydrogen ion exponent of the blood and serum. J Biophysics 1925; 1: 172.

4. C L Hou, T Y Yen. The influence of temperature on the excitability of motor nerves by the stimulation of constant current. Transaction of the 6 th congrese of the far castern association of tropical medicine 1925; 485.

5. C Shen, C L Hou, R K S Lim. Observations on the conduction of the nerve impuls on the cooled phreni-c nerve. Chinese J Physiol 1927; 1: 36.

6. C L Hou, C C Ni, R K S Lim. The Chloride metabolism of the vivi Perf used stomach. Chinese J Physiol 1928; 2: 299.

7. F Plattner, Ch L Hou. Der Einf luss von Paraldehyd, Chloralose and Amylenhydrat auf vagale Wirkungen. ant Herzen . Pflüegers Archiv 1930; Bd. 225 s. 686.

8. Ch L Hou, E Th Bruecke. Reizversuch an

Vortjcellen. Pflüegers Archiv 1930；Bd. 226 S. 411.

9. Prof.Dr.Chung Lien Hou. Ueber die Veraenderungen der Reizzeit—Spannungs— Kurve durch Narkose，Kaerlte and Verat：in. Pflüegers Archiv 1931；Bd. 226s. 676.

10. Ch L Hou，E Th Bruecke. Ueber die abhaengigkeit der Reizwirkung e- ines Herznerven von der tonischen Erregung der uebrigen Herz-nerven Pflüegers Archiv 1931；Bd. 227s. 251.

11. E Th Bruecke，C L Hou，M Krannich. Rebound and intrazentrale Wettstreit zwischen hemmenden and erregenden Impulsen. Pflüegers Archiv1931；Bd. 227s. 733.

12. F Plattner，Ch L Hou. Zur Frage des Angrif f spunktes vegetativer Gifte. Pflüegers Archiv 1931；Bd. 228 s. 281.

13. F Plattner，Ch L Hou. 'Ein Zweckmaessige Verfahren zur Demon-steation der Darm Lymphgef sesse. Pflüegers Archiv 1931；Bd. 228 s. 572.

14. Хоу Цзун-лянь,Ван Чжо-линь. Чжэн Вань-мэй. О показателе, правильно отражающем фактор времени возбудимости. Физиолог журн СССР 1957, 43(8):736-743

15. Hou Zonglian（C L Hou）. A Stud，th Histologi. Structure of Acu-puncture Points and types of Fibers Conveying Needling sensation. Chinese Med. 1979；92（4）：223-232.

16. Zhang Keren and Hou Zonglian. A Study of the Receptors of Needling sensation at Somatic Acupuncture

Points. National Symposia of Acupuncture and Moxibustion and Acupuncture Anaesthesia. Bei jing1979；403.

17. Wang Kemo and Hou Zong lian. A Study of the Properties of Muscle Action Poten- tial at Acupuncture Points. National Symposia of Acupuncture and Moxibustion and Acupuncture Anaesthesia. Bei jing1979；405.

18. Wang Kemo and Hou Zonglian. Concerning the Groups of Fibers Conveying the Impulses of Needling Sensation. National Symposia of Acupuncture and Moxibustion and Acupuncture Anaesthesia. Beijing 1979；406.

19. Chen Lungshun and Hou Zonglian. A Study of the Afferent Fibers for the Impulses of Acupuncture Anaesthesia. National Symposia of Acupuncture and Moxibustion and Acupuncture Anaesthesia. Bei jing1979；406.

20. Chen lungshun，Tang JingShi. Yanjianqun and Hou Zong lian. Analysis of Afferent Fibers for the Impulses of.Acupuncture Analgesia. Kexue Tongbao1981；26（6）：564-569.

21. Yuan Bin，Zhao Yan，Qian Xiaojie and Hou Zonglian. The influence of block of small fibres With novocaine on the anahgesic effect of experimental electro-acu puncture in rabbits. Kexue Tongbao 1983；28（12）：1695-170.

22. Chen longshun，et al. Influence of Naloxone on the Analgesic Effects of Small-sized Fibres. American

Jonrnal of Chinese Medicine 1983；11（1-4）：159-160.

23．Zhao Yan，Yuan Bin，Shi Wenchun，QianXiaojie and Hou Zong lian．Needling Sensation Receptors in Inner Xiyan point．Kexue Tongbao 1984；29（4）：550-555.

24．Wang Kemo，Yao Shimin，Xian Wenliu and Hou Zong lian．A Study on the Receptive Field of Acupoints and the Relationship between Characteristics of Needling Sensations and Groups of Afferent Fibers．Science China 1985；9:963-971

25.Zhao Y,Shi W-C and Hou Z-L,The influence of manipulation on bursts of needling sensation receptors,Akupunktur-Theorie und Praxis,14(1986)149-153

教材及其他著作

侯宗濂．生理学讲义．平大医学院出版1932年．

侯宗濂．生理学实习指导．平大医学院出版1932年．

侯宗濂等，主编．生理学实习指导．西安医学院1951年．

侯宗濂．巴甫洛夫的睡眠学说与睡眠疗法．中华全国科学技术普及协会出版 1954年．

侯宗濂主编．中国医学百科全书．生理学．上海科学技术出版社．1985年．

侯宗濂教授与《西安交通大学学报(医学版)》

(贺惠芳　西安交通大学学报医学版，原副主编)

《西安交通大学学报(医学版)》创刊于1937年，至今已60多年了。从建立学报编辑委员会的那一天起，侯宗濂教授就一直担任主任委员。虽然，由于年事渐高，已不能很具体地过问学报的日常事务了，但是，他现在仍是学报编委会的名誉主任委员。

侯老是很关心学报的。他认为学报作为一份自然科学学术期刊，是学校教学、科研、医疗等各项重要工作的一个窗口，应该遵照科学发展的规律，努力办好。侯老曾多次谈到，学报的质量，主要决定于科学论文的质量，要求我们编辑人员要认真把好论文的质量关，要不断提高论文的真实性、科学性和严密性。侯老是一个严密的科学家，由他指导撰写的论文要求是很严格的。有关生理学研究方面的论文我们请他审定时，他总是认真地阅读并负责地提出符合客观实际的评论和具体的修改意见，由于他所提的意见具有充分的说服力，所以不仅使作者而且使我们这些编者都从中得到教益。

更使我们不能忘记的是，侯老对学报的发行工作也非常关心。1982年，当我院学报上级有关领导机关批准公开发行、而在邮局遇到困难时，侯老曾写信给邮政局领导，说明我院作为西北地区一所较老的医学院校，在医学科学的发展和提高方面应该承担的责任，以及学报作为我院各项学术成果的载体在四化建设和信息交流中应该发挥的作用，恳切希望邮局能在发行方面给予协助。邮局负责同志本不认识侯老，但看到一位知名老科学家写来的信也受到了感动，虽然他们在人力、场地等方面确实存在着困难，但很快地解决了我院学报的发行问题。

目前，我院学报不仅在国内公开发行，而且在国外公开发行。学报的质量日益提高。可以说，我院学报从无到有，从内部交换到国内外公开发行，都凝聚着侯老的一份心血。

追忆我的导师侯宗濂先生

（闫剑群　原西安交通大学副校长，
西安交通大学医学部主任，生理学教授）

时光荏苒，转瞬，我的恩师侯宗濂先生已经离开我们二十四个春秋了。我在西安医学院读大学时，就对侯先生甚为仰慕。后来，有幸成为他的研究生，在先生的指导下从事生理学研究。作为他的学生，我受先生言传身教达十余年之久。特别是在我攻读硕士、博士学位期间和我毕业后在他指导下工作的日子里，先生和我是亦师亦友，交流甚多；加之从报端、刊文中所读和从其他高年资老师处所闻，我对先生有了更多、更深的了解。先生的爱国情怀，品格、胸襟、学问以及严谨的治学态度都深深地印在我的心底，并一直影响着我。

  先生1920年毕业于南满医学堂（后改为满洲医科大学），后留校任教，在世界著名生理学家久野宁教授指导下工作。1921年进行了"关于季节对发汗的影响"的研究，发现夏季室温在32℃时开始发汗，而在冬季室温达到34℃才开始发汗，为久野宁教授提出"发汗性"概念奠定了基础。先生于1922年至1924年留学日本京都大学，在石川和正路教授指导下从事研究，1926年获日本文部省授予的医学博士学位，并获得河西奖奖章。因此，被满洲医科大学提升为副教授。1930年至1931年，先生赴奥德留学一年半时间。在奥地利因斯布鲁克大学布吕克教授指导下从事研究时，由于工作出色，布吕克教授破例批准他以教授的名义在Pflügers Archiv上发表《在麻醉、冷冻和黎素作用下强度－时间曲线之变化》的论文，对当时已被世界生理学界公认由法国科学院院士拉皮克（lapicque）提出的"时值"理论，提出了质疑，并首先提出要找到一个新的确实反映兴奋性的指标来取代拉氏"时值"。1931年还是奥德生理学的兴盛时期，这无疑是个很大的光荣。1931年3月-1931年9月，他又在德国莱比锡大学进行肌肉神经普通生理学研究。

1931年回国后，为反对"九一八事变"和日本的侵华政策，先生愤然离开满大去北平大学医学院生理系任主任教授，并兼任协和医学院生理学名誉教授。他在北平大学首开生理实验课并亲自讲授大课。期间，先生积极开展生理学研究，揭示了Fick间隙的电生理学本质特征，肯定了该间隙是由短持续刺激的阳极阻滞所产生。该项工作在第九届热带医学会及第五届国际生理学大会上报告并引起关注。他还制备出交感、迷走神经心脏标本，可单独刺激支配心脏的交感神经，使心肌紧张性增强，这一结果不久为Fleisch教授所证实。

1937年5-6月间，先生受邀赴闽创建了福建医学高等专科学校（福建医学院前身），后因"七七事变"北平沦陷而滞留在福建医学院任院长、教授兼生理系主任。在抗战期间极其困难的情况下，他与全院师生员工齐心协力，不但完成了教学任务，还开展科学研究。从

1944年起,先生改任西北医学院院长。他以宽广的胸怀招贤纳士,使战乱之时的这所大学立现生机,并利用简单的设备,与他人合作,在该院破天荒地完成了"关于鹿寿草的生理作用"的研究。

20世纪50年代中期,党中央号召科研要理论联系实际,先生想到他以前做过的关于兴奋性及其指标的研究既是理论工作,又有实用价值,于是又开展了这方面的研究。他于苏联学者纳索诺夫的工作中受到启发,先后提出了"标准时值"和"标准电量"的概念,用来表征兴奋性,并进而提出应激性和兴奋性可分的假说,即"兴奋发展过程阶段论"。当时他的这些观点在国内生理学界引起了激烈的争论,他认为有争论是好事,这会促使深入思考,使工作更接近真理。但在十年动乱期间,这一研究不得不中断。党的十一届三中全会以后,已届高龄的先生雄心不已,带领他的同事和研究生们重新开始了系列研究。其中一项重要研究是关于"穴位与针感、针感与针刺镇痛传入纤维的研究"。为了阐明穴位与针感的本质,他阅读了大量的文献资料,亲自在自己身上做针刺试验,提出了一系列研究假说。

辛勤的耕耘带来丰硕的成果。几十年的科研生涯中,先生和他领导下的科研团队在国内外学术期刊发表研究论文140余篇。关于兴奋性指标和针刺镇痛原理的研究成果，在 1978 年分获全国科学大会奖。1979 年，他又受卫生部委托，主编了《医学百科全书·生理学》分卷。

先生在从事繁忙的研究与管理工作的同时，极为关注人才培养，并身体力行。他选拔人才时不唯分数论高低，而主要考察分析问题和解决问题的能力，考察观察能力和动手能力。他认为只有分数而没有能力的人是难以成大才的。而对于有一定研究基础的青年教师和研究生，先生则强调要在研究实践中不断地问"为什么"。记得我在攻读博士学位期间，先生要求我多读书、多看文献，从不同的角度加深对问题的理解。他要求在读书过程中不断提炼其精华，抓住本质。但切忌"读而不思"！令我记忆犹新的是，先生时常对我们强调"在科研实践中，分析问题、解决问题的能力十分重要，但提出问题、发现问题的能力更为重要"，这正是先生积几十年科研与人才培养之功所获的心得。

侯宗濂教授的一生，是为祖国医学教育和生理学研究奋力拼搏和无私奉献的一生。他的业绩将永远留在我们心中。他那种敢于开风气之先、不惧权威的精神令人敬佩，他坚持真理、严肃认真的科学态度是我们后辈学习的榜样。他那种"生命不息，奋斗不止"的精神将永远激励我们前进。

侯宗濂先生在奥地利

(赵晏　西安交通大学医学部，生理学教授，博导)

侯宗濂先生是我国著名的生理学家和医学教育家。

1920年他以优异的成绩毕业于满洲医科大学，在著名生理学家久野宁教授引领下步入生理学科研领域，研究了人类汗腺活动与季节的关系。两年后去日本京都大学留学，在石川教授和正路教授的指导下，研究肌肉神经普通生理学和生物物理化学。1926年在日本京都大学获医学博士学位。同年满洲医科大学授予他副教授学衔。1930年3月侯宗濂先生远赴奥地利因斯布鲁克大学，在世界知名生理学家布吕克（E. Th. Bruecke）教授指导下，从事神经肌肉普通生理学研究，这一时期他围绕当时国际上的研究热点，即衡量兴奋性的指标，发表了多篇有影响力的论文，引起国际生理学界的关注。一年后侯宗濂先生去德国莱比锡大学留学，在格德梅思特（Gildemeister）教授的指导下，从事肌肉神经生理研究。

众所周知,我国比较正规意义上的留学教育仅有一个半世纪多一点儿的历史,期间却涌现了三次颇有影响的留学大潮。第一次留学潮出现于20世纪初年,是1894年甲午战争后中华民族觉醒的重要标志,直接为辛亥革命做了人才和思想舆论的保证,随之而来的是孙中山领导的反清革命的胜利和共和国的旗帜首次在中国的大地上高高飘扬;第二次留学潮出现在五四运动之后,是中华民族又一次民族觉醒推动的结果,正是在这次留学潮中,侯教授去了日本、奥地利和德国留学;第三次留学潮则至20世纪80年代才出现,这是改革开放的硕果,它为中国人真正走向世界和现代化建设提供了人才的保证。三次留学潮几乎和中国近现代的历史相始终,和中国现代化的进程相伴随。在中国第三次留学潮中,侯教授的学生们得以大量地到美、加、日、德、奥等许多国家留学深造。

侯宗濂先生时常给我们谈起他年轻时在奥地利留学时的情景。

奥地利是一个景色如画的国度,人们不必像在电影院里欣赏自然那样,而可以身临其境,去欣赏大自然的魅力。因斯布鲁克(Innsbruck)是奥地利西南部城市,蒂罗尔州的首府,濒临茵河(Inn)。这座美丽的小城坐落在阿尔卑斯山谷之中,旁边流淌着茵河,意为"茵河上的桥"。坐落在绿色的茵湖畔的因斯布鲁克时常被传唱在民歌中,它的周围是壮丽的群山。五、六月份,城市里一片春色,到处是大片的绿草和鲜艳的花卉,而远远望去,阿尔卑斯山上依然白雪皑皑。

奥地利的高山,就跟它的音乐一样,是世界知名的。蒂罗尔州则是阿尔卑斯山的心脏。无论是在因斯布鲁克的哪一个角落,都能见到白雪覆盖的山峦。因为北面被山脉遮挡,所以因斯布鲁克气候宜人,是国际旅游胜地。

侯宗濂先生说起在奥地利留学的有些事情,总是很高兴的。1930年,侯宗濂博士由国家公派到奥地利和德国留学一年半。他首先到了奥地利的因斯布鲁克大学留学,师从著名生理学家布吕克教授。布吕克教授出生于俄国,早年在德国学习和任教,后来因斯布鲁克大学医学院从德国聘请他来校主持生理学系的教学和科学研究。因斯布鲁克大学是奥地利规模较大的综合性国立大学。该校建立于1669年,在奥地利排名第二,仅次于维也纳大学,在全球排第98。医学是该校主要专业之一。侯博士在布吕克教授的指导下,从事神经肌肉普通生理学研究。此期间在国际著名刊物发表论文7篇,其中第一作者3篇。1931年以侯宗濂教授的署名,发表于 *Pfluegers Archiv* 的论文《麻醉、冷冻和藜芦素作用下强度—时间曲线的变化》是具有代表性的一篇重要论文，它涉及组织兴奋性的研究领域。兴奋性（excitability）是生命活动的基础和主要特征；兴奋性是指可兴奋组织或细胞受到刺激时发生兴奋反应（动作电位）的能力或特性。如

奥地利因斯布鲁克大学

何衡量组织兴奋性成为生理学研究中一个非常重要的命题。著名科学家、法国科学院院士拉匹克（Lapicque）1909年提出以时值（chronaxie）作为兴奋性的衡量指标。他指出用无限长的持续时间，刺激神经肌肉等可兴奋组织时，引起兴奋所需要的最小电流强度为基强度。用二倍基强度的电流强度，引起兴奋的最短持续时间，叫作时值。该理论流行于世几十年，是当时最权威的理论。1931年，侯宗濂教授的这篇重要文章对权威科学家拉匹克的时值理论提出了质疑，认为拉匹克院士特别强调时值是用时间因素来反映兴奋性的论点，是不够恰当的。侯宗濂教授的这一以实验研究为依据所提出的对时值的异议，在当时医学界引起不小的震动。文章发表不久，侯宗濂先生受邀在学术会议上和拉匹克院士就此当面进行了深入的探讨，这成为当时国际学术界最受关注

的新闻。从此以后,一些科学家开始寻找更为理想的兴奋性指标。

在后来的几十年里,侯宗濂先生还一直研究这一世界性难题。在 1957 年,他曾提出标准电量 a 的概念和用标准时值作为兴奋性指标。直到他已是 80 多岁高龄时,还指导研究生进行这方面的有关实验研究。

侯宗濂教授在奥地利留学的一年时间,是他一生中最值得回忆的一段时光。侯宗濂教授也因此在奥地利医学界具有一定的影响,并且为他回国后从事生理学教学和科研工作打下了坚实的基础。80 年代初,奥地利因斯布鲁克大学医学院院长温克勒教授曾率领奥地利医学代表团来华访问,期间专程来我校拜访了侯宗濂教授。

在侯宗濂教授的培养教育下,我于 1984 年通过了国家教育部的出国留学考试(EPT),侯宗濂教授获悉后非常高兴,并推荐我去奥地利有四百年历史的著名的格拉茨大学留学。在国家公派留学的两年里,我以侯宗濂教授的严谨科学态度和勤奋的工作作风为榜样努力学习和工作,使我在奥地利留学期间取得了较为满意的成绩,并被格拉茨大学聘为客座教授。此间,我有幸于 1986 年参观访问了五十五年前我的老师侯宗濂教授留学的国际名校,奥地利因斯布鲁克大学,回顾了侯老师当年学习和工作过的地方。

怀念侯宗濂老教授

(唐敬师　西安交通大学医学部，生理学教授)

侯宗濂老教授是我国第一代著名的生理学家，他生于 1900 年，1992 年辞世，已经 22 个年头了。回忆起在生理研究室工作期间，他对我们晚辈的教导还历历在目。他的不断追求真理的科学奉献精神是我们学习的楷模。他对青年人的谆谆教导和期望使我们永生难忘。是他把我们年轻人一步一步地从一个无知的学生引入生理学的科学殿堂。1965 年，当我进入生理教研室时，该室已有 20 多名员工，其中教授 2 名，讲师 8 名，助教 9 名，技术人员数名，形成了一支强有力的教学科研队伍。号称"八大讲师"的教学科研团队已在全国小有名气。1965年，经国家教委批准成立了以侯宗濂教授为首的"西安医学院生理研究室"，编制 20 名。据说，这是当时在国内高等医学院校成立为数不多的几个生理研究室之一。

记得在 1965 年，我从农场"毕业劳动实习"一年后回到学校，被分配到生理教研室工作，李孝光副主任带我到侯老办公室去见我们的老主任、老院长。去见一位德高望重的著名教授、学术权威,我不免有些精神紧张,看到他全神贯注地伏案工作,我肃然起敬,不知如何是好。听到李老师的介绍后,他高兴地抬起头来,给我让座,欢迎我来教研室工作,亲切地问这问那,从生活到学习,他那亲切的面孔充满着对年轻人的期望,使我紧张的情绪一下子放松了下来。我一一回答了他的询问,甚至我说了我原本想去医院当一名内科大夫的愿望,到生理教研室工作是组织上的分配。他笑着问道:"那你对生理学还有什么印象?"我毫不犹豫地答道:"都交给老师了,只记得实验时青蛙腿咯噔咯噔的在跳。"这句话逗得他哈哈大笑。他说:"不要紧,你很诚实。要系统地学习生理学的基本知识,通过教学实践,你会懂得生理学的科学意义和在医学中的重要性。"他安排我先做生理学的教学实验,读教科书,准备下学期上实验课程。那是在1965年的10月份,离下学期开课仅有3个月的时间。在高年级老师的指导下,从最基本的制作青蛙坐骨神经-腓肠肌标本开始,到反射弧分析、尿生成的调节和血压调节等较复杂的实验,一遍一遍地做,直到做出满意的结果。侯老听说我做实验还比较努力,不时地来看我的实验结果,指导分析实验结果,鼓励我做好实验,打好基础。在谈话中他流露出的满意的笑容,给我增添了从事生理学工作的信心。1966

年初，我开始给学生上实验课。在侯老长期的严格要求下，教师上课不带教案已经形成了生理教研室的一个传统。这就要求教研室集体备课，主讲教师要写好教案和讲授提纲，熟记教学的内容和教学方法，注重讲授的重点和难点，启发学生的思考。我作为一名刚毕业的新教师，思想上的压力无疑是很大的。在教研室的严格要求下，实验课教学还算顺利。不料，好景不长，1966年5月份，突如其来的"文化大革命"开始了。侯老教授作为我校最大的"反动学术权威"受到批判，大字报铺天盖地而来，进而是"历史反革命"的帽子，没完没了的"批斗"，"挂牌子"，"游街示众"，"进牛棚"和"劳动改造"……一切都瘫痪了。

1972年开始落实知识分子政策，侯老从"牛棚"被"解放"出来，回到教研室。当时学校仍处于混乱状态，但是他也做了力所能及的工作，组织几名年轻教师学习日语。就在这一年，周总理发出了"在全国开展针刺麻醉研究"的号召。作为一项政治任务，很快在全国掀起了这一研究的热潮。当时其他的医学研究都被认为是"封、资、修"的东西，侯老意识到这是他发挥才能的好时机，积极组织教研室同事开展针刺麻醉原理研究。首先是确定研究的方向，他认为研究针刺麻醉的中枢原理我们比不过北京、上海等地，但是我们有研究普通神经生理学的基础，研究针刺麻醉的外周原理较有优势，因此决定研究"穴位与针感、针刺与针刺镇痛传入纤维类别"的研究。首先在教研室用电生理学的方法，在支配穴位的神经干上分离纤维细束记录单位放电，研究穴位针感感受器的生理学特性和传入纤维类别。建立针刺镇痛动物模型，研究针刺和电针镇痛的传入纤维类别。同时，他与本校解剖教研室、组织胚胎教研室和生物学教研室的几位教师合作，研究穴位内感受器的分布。他多次亲自扎针，体会穴位针感的部位和性质。他根据形态学、电生理学的实验结果和亲身体验，提出了下述设想：1. 穴位具有相对特异性，穴位感受器是深部感受器，由于穴位所处的环境不同，各有其为主的感受器，在肌肉丰厚处的穴位，如"合谷"、"足三里"，以肌梭感受器为主，肌肉和腱接头处的穴位，如"承山"，以腱器官为主，关节囊处的穴位，如"膝眼"，以关节感受器（环层小体、Rufini's小体）为主，头皮部的穴位，如"印堂"，可能是游离神经末梢。2. 针刺兴奋的传入神经纤维越细，针感越强，镇痛作用越强，细纤维的传入在针刺镇痛中起主要作用。3. 另外他还提出，经络的实质是神经反射的观点。这些设想为我们深入研究指明了方向，也引起了国内学术界的高度关注。1974年全国第一届针刺麻醉会议在西安人民大厦隆重召开。

这次会议除了广泛的学术交流之外，还制定了全国协作研究针刺麻醉的五个重点研究专题，其中"穴位与针感"专题我校是牵头单位，侯宗濂教授是负责人。他全面负责全国这一专题的组织协调，学术交流和巡视各单位的研究进展。1975年，在卫生部主持下，在上海召开了各专题负责人会议，会上肯定了前阶段的研究成绩，并指出有条件的单位可成立针刺麻醉原理研究室。侯老的信心倍增，他不顾长途旅行的疲劳，上午回到西安，下午就到办公室开始工作，一直到深夜，筹划成立独立研究室的事宜。不久，一个名为"西安医学院针刺麻醉基础理论研究室"在本校成立，与生理教研室分离，并接纳了解剖学、组织胚胎学和生物学教研室的教师参加。一个轰轰烈烈的针麻原理研究在我校开展起来了。一篇接一篇的研究论文在中国科学、中国科学通讯，中华医学杂志、生理学报、动物学报、陕西新医药和本校学报发表。参加了国内各种形式的学术交流，也接待了多次国外学者的来访，取得了显著成绩。我们的研究基本上证明了侯老最初提出的研究设想。在1979年第一次全国科学大会上获得科技成果（集体）奖一项。

这里值得一提的是，随着针刺原理研究的不断深入，国内不少单位提出，针刺主要是兴奋了穴位内的粗神经（A-beta group）传入纤维，并在镇痛中发挥作用，不同意侯老提出的针刺兴奋细（A-delta 和 C-groups）传入纤维并产生镇痛的观点。这在多次学术会议上曾引起激烈的争论，形成了两种对立的学派。侯老认为，"不同学术观点的争鸣是一件好事，真理愈辩愈明，坚持真理，修正错误，是科学工作者应有的品质，这样才能促进科学事业的发展"。在侯老这种思想的指导下，我们深入开展了不同参数电针在针刺镇痛中作用的研究。结果表明，高频低强度（50Hz，0.5mA）兴奋 A-beta 粗纤维和低频高强度（5Hz，5mA）兴奋 A-delta 和 C- 类细纤维的电针均可产生镇痛作用，但前者的作用较弱，而后者的作用更强，进一步证明了侯老的"细纤维传入在针刺镇痛中起主要作用"的观点。近年来，侯老的这一观点得到愈来愈多国内外学者的支持。认为针刺的基本属性是伤害感受性的，针刺产生的所谓"酸、麻、重、胀"的复杂的感觉，可被描述为"不愉快"的深部痛感觉。因此，有人提出针刺镇痛是"以小痛镇大痛"的观点。强电针镇痛类似于传统的手针刺激产生的镇痛，而弱电针镇痛类似于国外早已报道的经皮电刺激产生的镇痛。

　　侯老另一项毕生从事的重要研究是"神经肌肉普通生理学——兴奋、兴奋性及其指标的研究"。早在 20 世纪 30 年代初，他在德国留学期间发现法国科学院院士

Lapicque 提出的"时值"并不能正确反映兴奋性,并且提出需要找出一个正确反映兴奋性的指标。这一挑战传统概念的论文,破例以教授名义在德国生理学杂志发表,引起了学术界的关注,得到了他的德国导师的欣赏和高度评价。回国后不久,抗日战争爆发,他的科研生涯经历了漫长而曲折的历程。他不顾日本导师的一再挽留,毅然离开日本人创办的南满医学堂(后称满洲医科大学),到北平医学院生理教研室任主任教授,和协和医学院任兼职教授。后受当时教育部的委任,赴福建省创办福建医学院,任院长和福建省科学院院长。1944年来西北医学院任院长,直至解放。在这期间,他仍不忘科学实验和科学研究,在北平期间除了给学生讲授生理学理论课程外,还首次开设了实验课程。在福建他组织学生科研小组开展学术交流,在西北医学院和年轻教师方怀士(后为台湾"中央研究院院士")开展了鹿寿草和藜娄碱生理作用的研究。后因不满国民党的黑暗统治,长期思想压抑,卧病不起。1949年5月他从病榻上爬起,迎接解放,热烈欢迎解放军接管西北医学院,任院长,整顿教学医疗秩序,稳定教学队伍,编写教材,使我院的教学、医疗和科学研究蓬勃发展。1956年学习苏联办学模式,党号召理论联系实际,侯老积极响应。他认为兴奋性及其指标的研究既是一项理论性很强的研究，其研究成果也可应用于临床实践。因此他积极组织教研室开展了已终止20多年的肌肉神经普通生理学研究，经过理论分析和实验结果，进一步批判了Lapicque的"时值"可以反映兴奋性的观点，提出了"标准时值"和"标准电量"可以作为正确衡量兴奋性指标。他受自然辩证法"两分法"观点的启发，对反映兴奋性变化的West公式 $i = a/t + b$ 分析，提出了兴奋过程发展阶段论的新概念，引起了国内学术界的关注。1957年他出访苏联，访问了著名的巴甫洛夫实验室，同该国的科学家进行了广泛的学术交流，并参加了在该国举行的第25届世界生理学大会。然而，在1961年上海召开的全国生理学大会上，当侯老报告了他的学术观点后，引起了激烈争论。我国著名的生理学家冯德培教授激烈反对侯老的学术观点，认为侯老的"兴奋过程发展阶段论"是人为地把一个兴奋过程分为两个阶段，犯了"二元论"的错误（大意）。侯老据理以争，坚持自己的观点。两位资深科学家在这次大会上针锋相对的"争吵"惊愕了与会的年轻学者，这是我后来才得知的。听说侯老自那次会议后，因咯血住院治疗一个时期，才得以恢复。可见学术上的争鸣也是要付出代价的。侯老长期吸烟，患有支气管扩张，那次咯血也许是一次偶合。他说，那次争论不是我们错了，而是我没有把自己的观点讲清楚。后来，在 1962 年，侯老全面描述自己学术观点的研究论文在《中国生理学报》发表。1964 年，在大连召开的全国生理学大会上，他再次报告了他的研究和理论，未引起冯教授的异议。他风趣地说："这说明我们的观点是正确的，我们胜利了。"在经过"文化大革命"的 10 年浩劫之后，1977 年他又组织力量指导研究生再度开展这一研究，取得了一些有意义的结果，充实了他的理论思想，强调了"标准电量"在衡量兴奋性中的正确性和可行性。1979 年获第一届全国科学大会科研成果集体奖一项和个人奖一项，以表彰他在神经肌肉普通生理学研究中的突出贡献。此后，侯老的这一研究成果还在斯德哥尔摩召开的第 35 届世界生理学大会上进行了交流。自 1985 年以后，85 岁高龄的侯老，身体健康状况逐渐不佳。在疗养期间或病榻上，他还不忘这一研究，为研究生修改毕业论文，谋划用现代科学技术的手段，从离子通道和分子水平进行"兴奋、兴奋性及其指标"的研究。但是由于当时条件的限制，他的愿望没能得到实现，直到他生命的终点。

侯老是我国著名的医学教育家，他创建了福建医学院，培养了一批批医学优秀人才，同他们建立了深厚的感情。他当年的学生到西安出差，总要来看望他们的老院长，1980 年，侯老 80 寿辰时，他的老学生还专乘来西安为侯老祝寿。1944年，位于陕南汉中几座破庙的西北医学院破烂不堪，还不时遭受日本飞机的轰炸，人心惶惶，从北平内迁的教授们纷纷离去，教学质量无法保障，时任院长不能收拾这种残局而辞去。在这危急关头，侯教授来西北医学院任院长，以他在福建医学院的办学经验和医学界的声望，挽留了一批教授，还聘任了几名国内有名的教授，才使教学秩序得以稳定。他常告诉我们："办学的关键是人才，人才的关键是他的学识和品德，一个学校只要有了强有力的教师队伍不怕办不好学校。"例如，当时有一位病理学教授很有水平，但和他意见不一，常在课堂上"骂"他，他却不计较这些，还委以重任。这在教师和学生中已传为佳话。侯老这种尊重人才、尊重知识、接纳不同意见者与他们共事的思想一直影响着我们。新中国成立后，他长期继任医学院院长，当时许多教授都是他的学生或同事，他们在医学院的学科建设、科学研究、医疗实践中都起到了学术带头人的作用，做出了不可磨灭的贡献。他拥护共产党的领导，积极参加新中国成立后的各项政治活动，改造自己的思想，坚决执行党的德、智、体全面发展的教育方针，与党的领导密切配合，相互尊重，荣辱与共，肝胆相照，共谋发展，为建国初期的整顿教学医疗秩序和以后的蓬勃发展做出了杰出的贡献。至1956年，学校已具西北地区最大规模，一些学科已处于国内领先水平，每年招生人数已达500名左右。在1958年的教学改革中，我院率先提出了"分科循环，集中教学，按人体系统分科"的教学模式并予以具体实施，当时的中共中央宣传部陆定一部长亲临学校视察。国内低温麻醉心脏外科直视手术在我院首例成功，并召开了全国现场会议。我院地防病研究室发现的用大量维生素C抢救克山病重危病人的研究成果享誉国内外。由我院教授编著的《颌面外科学》和《皮肤病学》的出版，以及心电向量视波器的研制成功，使我校名声大震。1960—1962三年困难时期，在校党委的正确领导下，侯宗濂教授以身作则，清正廉洁，不搞特殊化，与全体师生员工共渡难关。学校开办细菌肥料厂增加资金收入，从学生中调出10名学生到食堂劳动，在党委的直接领导下，书记亲自下食堂，想方设法改善学生和员工的伙食，使我院正常的教学秩序得以维持。这里无不凝聚着侯老的心血和与党委的密切配合。在1958年的"大跃进"和1964年的社会主义教育运动中，由于极"左"思潮的影响，在高等学校掀起了"插红旗，拔白旗，批判白专道路和资产阶级反动学术权威"的运动。侯宗濂教授首当其冲。尤其是"文化大革命"更是达到了登峰造极、人身攻击的程度。侯老教授都能正确面对，对党的领导坚信不疑，抱着实事求是、不说假话、有则改之、无则加勉的正常心态应对无端的批判。他后来对我们讲，党提倡培养"又红又专"为社会主义建设服务的有用人才没有错，是符合党的教育方针的，自己受点冲击没有什么，也增加了自己的见识，更新自己的旧思想和旧观念，以适应我国教育事业的快速发展。因此，虽然他经受过多次批判，但在人们的心目中仍然是一位受人尊敬的、对我国医学事业做出重要贡献的教育家和科学家。

侯老在与党的领导长期合作共事中，与我院的历届老党委书记和党员副院长结下了深厚的友谊，他们互相尊重，坦诚相待，共商医学院的发展和远景规划，堪称党内外合作的典范。记得在1984年，我陪同侯老去上海访问，在回来的路上，他专程去安徽合肥看望阔别几十年的老朋友李广涛副书记（时任安徽省人大常委会主任），两位老人一见，激动万分，亲如兄弟，谈天论地，无话不说，离别时依依不舍的情景，非常感人。侯老就是从这些革命老前辈，从这些在战争年代为新中国建立立下不朽功勋的老党员那里学到了共产党员的开拓进取、心胸开阔，团结群众，一心一意为党的事业献身的优秀品质和领导才能。尤其是1979年党的十一届三中全会召开，迎来了党的解放思想，改革开放，拨乱反正，把工作的重点转移到发展国民经济上来，我国进入了新的发展时期。科技界迎来了"文革"后第一个科学的春天。在第一届全国科学大会上,对新中国成立以来在科学研究中做出重大贡献的科学家和先进集体颁发了奖励证书。邓小平关于"科学技术是第一生产力"的论述,大大地鼓舞了全国的科技工作者,决心为我国的科技事业发展做出自己的贡献。侯老教授在这次会后信心大增,他通过新旧社会的对比和自己艰辛的经历,从内心发出了"只有共产党,才能救中国"的呼喊,坚定了他做一名共产党员的信念。不久,他向党组织递交了入党申请书,1985年光荣入党,实现了他一生最大的夙愿。党也给了他应有的荣誉,他曾任全国人大代表和政协委员、九三学社中央常委、陕西省人大副主委、省政协副主席、省九三学社主委等近20种社会职务,参加了《全国科学技术发展十年规划》的制定工作,受到毛主席的接见,为我国社会主义建设和科学技术的发展做出了应有的贡献。

  侯老非常重视人才培养,新中国成立后不久,学院曾派多名青年教师去苏联留学,攻读副博士学位。据说,这在当时是高等医学院校出国留学人数最多的。这些老师回国后都成为各学科领域的学术带头人,起着顶梁柱的作用,使我院的教学科研和医疗事业蓬勃发展。侯老的晚年,更是潜心于培养青年优秀科技人才,招收研究生，传授他从事科学研究的经验和学术思想。他要求学生要多读几本教科书，要批判地读，要有分析，以扩大知识面，奠定坚实的理论基础，掌握科技发展的动向，并从中发现研究的"暗点"，这对一个科技工作者确定研究的方向和"选题"极为重要。一旦研究方向确定下来，选题不要范围太广，要有自己的设想，最好能提出一个假设，针对最感兴趣的问题，一步一步地，从简单到复杂，从现象到本质，步步深入，不要做仪器的"奴隶"，这样继续坚持下去，定能有所发现，做出成果。他非常注重科研基本技能的训练，要求研究者要亲自动手，熟练地掌握实验技术，注意每一个实验细节，实验条件要恒定，才能做出预想的结果。他经常讲他在德国留学期间的一次教训：他做的一项"费克氏间期"实验总是做不出来，也找不出原因，导师也无计可施，只得终止实验。不久，正值西方的"感恩节"放假3天，他不甘心，3天没有休息，独自一人在实验室重复实验，从刷瓶子、配试剂，到实验每一步骤都很仔细，结果实验成功了。原来是因为技术员在准备实验时，配试剂的玻璃瓶没有洗干净，pH值不符合要求而出现的错误。他提醒大家，实验中要仔细地做好实验记录，如果出现异常结果，不要轻易放弃，要分析可能的原因，异常的结果可能是意想不到的重要发现，这在科学史上是不胜枚举的。他强调,科学研究是一项严肃认真的工作,对实验资料的分析一定要实事求是,不能有半点的虚伪,要有正确的统计学方法,要理清你要说明的问题,做好图表但不要多。根据他的经验,写文章之前先要构思一个撰写提纲,先写方法和结果,后写讨论和前言,最后写摘要,要重点突出,简明扼要,文献引用要适当,切忌海阔天空。侯老是这样说的也是这样做的,他对每一个研究生的论文都进行了仔细地审查和一句一句的修改,他的严谨的科学作风给我们留下深刻的印象,是他留给后代的宝贵财富。

　　侯老离开我们已经 20 多年了,他近 70 年的医学教育和科学研究给我们留下了一笔可贵的遗产。他热爱党,热爱社会主义,为我国医学教育和科研事业奉献终生。他长期位居领导岗位,其艰苦朴素、清正廉洁、一尘不染、不搞特殊化、不拿公家一分钱的高尚品德为后来者树立了榜样。他在科学研究中坚持真理、实事求是,克服艰难险阻,坚韧不拔的科学精神给人们留下了不灭的印象。他身体力行,为人师表,在校园里留着长须,挺着腰板,咬着"斯大林"烟斗,不分春夏秋冬,按时上班、按时下班的身影使人们记忆犹新。他在学术会议上发言,针对某一科学问题与同道者进行热烈的讨论和辩论的风采,体现了一位科学家的一生的追求。他关心年轻同事，爱护年轻同事，在他们极度困难的时候，想方设法克服困难或解囊相助。他忍受着病魔的折磨，长期伏案工作，不厌其烦地向研究生传授他从事科学研究的经验和学术思想，耐心地指导研究生工作的全过程，期望他们能尽快成才，为祖国科学事业的蓬勃发展贡献力量。他是一位德高望重的教育家、科学家和社会活动家，他的学生遍天下，我们永远怀念他。

对年轻人的信任与鼓励
——忆侯老的教诲

（杜剑青　西安交通大学医学部，生理学教授）

记得是在20世纪80年代初，我们的附属医院收进了一位来自陕北的女孩，一位特殊的病人，她能够辨识装在牛皮纸信封里并折叠着的纸条上的文字或图案，包括文字或图案的内容和颜色；甚至将这样的信封用铁皮包起来也能辨认。一时间，街谈巷议，有许多人想目睹为快，看个究竟；还有许多人想请她诊病，传说、打探的热烈气氛似神人或超人降临古城。可摆在科学工作者面前的是，这女孩是否真正有这样的特异功能，是否具有一种特异的感知功能或是透视功能？如果有，如何解释，即机制或原理是什么？是否具有科学研究的价值？为了回答或解决这些问题，首先需要相关专家的鉴定。为此，医院及学校领导决定组织专家进行鉴定，并邀请了电视台现场摄像和录音。

本来向基础学科特别邀请的大专家是著名的侯宗濂教授，可侯老的回复是："我们将派两个年轻人去，一定配合好你们的鉴定工作。"为此，侯老把我和秦潮叫到了他的办公室里，告诉我俩："附属医院有个关于特异功能的鉴定会，想叫你俩去看看，你俩能去不？"我俩相互对目而视，神情有些诧异，心里想我们还是助教呢，咋能有资格去参加鉴定会呢？ 侯老看着我俩疑惑的神情，马上就接着说："你俩不用紧张和担心，我已经给他们说好了，要派年轻人去的。你俩去就是配合他们做鉴定，但也代表我们生理学专业。我相信你们年轻人的眼睛、耳朵都比我好使唤。你们年轻人没有条条框框，思想上也没有包袱。你俩就按时到现场去吧，回来给我说说情况。"侯老那亲切而诚恳的话语打消了我俩的重重顾虑，高高兴兴地按时去了鉴定会的现场。到了现场一看，也使我俩着实吃惊不小，鉴定会的专家成员中，除了我俩是小毛卒外，其他都是各学科（如内科、外科、神经科、精神心理科、耳鼻喉科、眼科等）的大教授、大主任，尽管是一个现场测试会，但专家组成员的资历相差也太悬殊了。幸亏主持人鉴于侯老的名气和面子，给了我俩很大的台阶，说道："你们俩就是侯老派来的年轻人啊，欢迎、欢迎！"我俩才显得不是特别局促和紧张。在测试过程中，除了观察别人的测试项目外，我们俩还进行了两项自己设计的测试。回到学校后，我俩及时把鉴定会的情况向侯老做了详细的汇报。侯老很高兴地说："你们俩做得好，也代表了我们生理的一分子嘛！谢谢、谢谢！"（后来，我还旁观了对该女孩的一次大的测试和论证，但最终没有得到确切的结论。）

  此事已经过去许多年了，但常常想起来还使我非常感慨。侯老作为著名的生理学家、我国医学生理学专业的奠基人之一，在对青年教师的培养方面，除了他亲身躬耕、以身示教外，他那谆谆教诲的诚恳态度，不拘一格的豁达胸怀，做事科学求真的忘我精神，是我毕生学习的楷模。缅怀侯老就是要传承侯老不朽的品德和精神，并示励后人。

西安交通大学医学部的历史与现状(代跋)

西安交通大学医学部肇始于 1937 年。是年，日寇发动全面侵华战争，华北地区相继沦陷，"偌大的华北放不下一张课桌"。国立北平大学医学院部分师生不甘做亡国奴，毅然西迁西安。西迁师生克服重重困难，于当年 10 月下旬在西安北大街择地办学，成立西安临时大学医学院。

次年，日寇窜地风陵渡，西安东大门潼关危殆。医学院遂奉命南迁至陕南南郑县城。虽校舍简陋，情形倍艰，但学校教学活动正常进行。此时国民政府更名西安临时大学为国立西北联合大学。1939 年秋，国民政府教育部将国立西北联合大学改名为国立西北大学，医学院独立设置，时称国立西北医学院。抗日战争胜利后，国立西北医学院迁回西安崇礼路(二附院现址)。同年，国立西北医学院与国立西北大学合并，改称国立西北大学医学院。

新中国成立后，陕西省立医学专科学校并入医学院。1950年，政务院教育部决定西北大学医学院析出，独立设置，成立西北医学院。1951年，在西安南郊建设新校址（即现校址）及附属医院，占地800余亩。1952年，学院划归西北卫生部领导。1956年，国家高等教育部、卫生部联合通知，西北医学院更名西安医学院，交由陕西省管理。1978年经由卫生部与陕西省政府协商，西安医学院成为卫生部在西北地区唯一的直属高等医学院校。1985年经卫生部批准，西安医学院升格为西安医科大学。2000年，原西安交通大学、西安医科大学、陕西财经学院合并，成立新的西安交通大学。2012年，成立西安交通大学医学部，统筹管理医学人才培养、科学研究与技术开发、医疗等工作。医学部下设若干职能部门，在学校统筹规划和宏观管理的基础上，相对独立地管理医学部的相关行政事务。职能部门包括：综合办公室、人才培养处、科学技术与学科建设处、人力资源处、医院管理处。

同时医学部下设第一临床医学院（第一附属医院）、第二临床医学院（第二附属医院）、口腔医学院（附属口腔医院）、基础医学院、公共卫生学院、药学院、法医学院、护理学系。

医学部师资力量雄厚，名师名医荟萃。具有副高以上职称者 1000 余人，博士生导师 186 人，硕士生导师 500 余人，中国科学院、工程院院士 4 名（双聘）。国家教学指导委员会委员 10 人（其中副主任委员 3 人），省级教学名师 5 人、省级师德标兵 2 人。国家"千人计划"学者 2 人、"百千万工程"人才 3 人，陕西省"百人计划"学者 3 人，国家、卫生部、陕西省有突出贡献专家 13 人，国家杰出青年科学基金获得者 2 人，教育部创新团队 2 个。近 200 人享受国务院政府特殊津贴。

医学部拥有生理学等 32 门国家、省、校级"精品课程"、"精品资源共享课程"，药理学等 3 门国家、省级双语示范课程，生理学、药学等 5 个国家、省级优秀教学团队。生理学、法医学和泌尿外科是国家重点学科，皮肤病与性病学是国家重点培育学科。拥有 12 个省部级重点学科，12 个省级优势学科，17 个国家重点临床专科，3 个教育部、卫生部重点实验室及 4 个省级重点实验室。

医学部建有基础医学、临床医学、生物学 3 个一级学科博士后科研流动站，3 个一级学科博士学位授权点，7 个一级学科硕士学位授权点，34 个二级学科博士学位授权点，54 个二级学科硕士学位授权点，6 个专业学位授权点。

医学部直属的两所临床综合医院和一所口腔医院，

均为全国有相当影响的集医疗、教学、科研、预防、保健、康复六大功能为一体的全国首批三级甲等医院。开放床位4200余张、牙椅160把，年门诊量近400万人次，年住院患者18万人次，年手术量近10万人次，诊治疾病的难度指数在全国名列前茅。三所医院是西部地区规模最大、技术力量最强的卫生部部管医院，为我校医学生的临床实践和创新能力的培养与提高提供了良好平台。学部拥有10所非直属临床附属医院，均为陕西地区有影响力的三级甲等综合医院或专科医院，共有床位8967张，为我校医药类本科生的临床实践教学和培训提供有效的资源补充。学部拥有19个校外生产实习教学基地，为医药类本科生的生产实习教学提供良好的条件保证。

医学本科教育开设有临床医学（五、七、八年制，留学生）、口腔医学（五、七年制）、预防医学（七年制）、法医学（五年制）、护理学、药学及制药工程等7个专业。目前在校学生4637名，其中博士生700名，硕士生1418名，本科生近2000名，留学生613名。医学本科教育强化专业教育和素质教育，走"高标准、宽口径、厚基础、重实践、综合型、高素质"的培养模式。2007年开办"侯宗濂医学实验班"，以全新的教育模式致力于培养医学精英人才。学部着力发展医学研究生教育，注重研究生创新思维及创新能力的培养。

医学部科研力量雄厚，学术气氛浓厚，仪器设备先进。尤其是合校后经过"985"、"211"等工程建设，全体师生共同努力，科学研究取得了长足发展。共承担国家以及省部级基金资助项目 1000 多项，其中国家自然科学基金近 900 项，经费 3 亿多元。重点、重大仪器和重大"国合"14 项，"杰青"2 人，"优青"1 人，新世纪人才 28 人。获国家级、部省级科研成果近 300 项，其中主持国家二等奖 3 项，省级一等奖 19 项。克山病、大骨节病研究成果曾两次获国际无机化学家协会"克劳斯·施瓦兹"奖，并在此基础上建立了以环境与疾病相关基因教育部重点实验室为首的 14 个国家级和省部级基地，到目前共发表 SCI 文章近 2500 篇。

"厚德载物、博学载医"，医学部依托西安交通大学综合性大学人文、自然、理工科优势，秉承交大百年优良传统，传承"尚德尚医、求是求新"精神，执着追寻"为生命之光"的崇高理想，为培养高质量医学人才，进行高水平医学研究，提供高质量医疗服务而不懈奋斗。

黄湘怀　西安交通大学医学部副主任、党工委副书记